加害者家族バッシング

世間学から考える

佐藤直樹

現代書館

はじめに――なぜ、加害者家族バッシングなのか

東野圭吾の『手紙』という小説がある。強盗殺人で有罪判決を受けた服役中の犯人の弟である主人公が、「世間」の冷たい目にさらされ、自分の身元が割れることを恐れて、仕事も住居も転々とせざるをえなくなり、徹底的に追いつめられてゆく姿が淡々と描かれる。

この本で主人公が、自分が直面したさまざまな差別について、「自分の現在の苦境は、剛志（引用者注―服役中の兄）が犯した罪に対する刑の一部なのだ。犯罪者は自分の家族の社会性をも殺す覚悟を持たねばならない。そのことを示すためにも差別は必要なのだ」と述懐する場面がある。

たしかにこの国では、とくに殺人などの重大犯罪がおかされた場合、犯人の家族にたいして、「親（家）は責任を取れ」という「世間」からの非難がおきるのがふつうだ。

犯罪加害者家族になったとたんに、メディアスクラム（集団的過熱取材）やネットリンチなどのかたちで、「世間」からひどいバッシングを受ける。その結果、家族は転居や転校や転職を強いられ、極端な場合は自殺にまで追いこまれる。

では『手紙』がいうように、加害者家族へのバッシングは、家族が「犯した罪に対する刑

の一部」であり、「そのことを示すためにも差別は必要」なのだろうか？

ところが不思議なことに、海外とくに西欧諸国では、こうしたひどいバッシングはほとんどみられない。つまり、バッシングはこの国に特有な現象であると考えざるをえないのだ。いったい、なぜだろうか？

私の答えは簡単で、ニッポンには、海外とくに西欧には存在しない「世間」があることで、ヨーロッパで生まれた〈近代家族〉が未成熟なままになっているからである。〈近代家族〉でないために、家族は「世間」からの非難に抵抗できない。

さらには「世間」には、他の国では考えられないような、つよい同調圧力がある。この異様な圧力が、加害者家族を追いつめるのだ。つまり、すべてはこの国の「世間」に由来するものである。本書でいいたいことは、これに尽きる。

加害者家族問題は、二〇一〇年四月のＮＨＫ『クローズアップ現代』「犯罪〝加害者〟家族たちの告白」で、当時ディレクターだった鈴木伸元によって本格的に取り上げられた。これが一つのきっかけとなって、ようやくこの問題が注目されるようになってきた（『加害者家族』）。

また最近の大きな動きとして、山形県弁護士会は全国に先駆けて、一八年十一月から相談窓口の設置など、加害者家族のための支援活動に乗りだした。この弁護士会の試みは、きわめて画期的な出来事であったといってよい。

だが、このような一部の試みはあるのだが、加害者家族の支援については、従来ほとんど語られてこなかった。加害者家族問題に触れることは、一種のタブーとみられてきたからである。なぜか。それは、これを語ったとたんに、「世間」から「加害者とその家族は同罪だから支援など必要ない」といった非難が浴びせられるからだ。

だが、ホントに「支援など必要ない」のか。私がいつも不思議に思うのは、たとえば「被害者のことを考えろ」などと非難する人たちの大多数は、被害者とは縁もゆかりもない、つまり何の関係もない人たちであることだ。

被害者の直接の関係者なら、加害者家族を非難するのは理解できる。しかしこの人たちは、とくにネット上で匿名の非難をする。匿名ということ自体が卑劣で卑怯なやり方だと思うが、こうした人たちのキモチが、私にはまったく理解できない。

犯罪被害者への同情や正義感からなのか？　暇なのか？　日ごろうっ憤がたまっているのか？　いずれにせよたしかなのは、加害者家族をバッシングするような人たちが、「世間」には相当沢山いるらしいことだ。

ところで私は、この国は、すでにかなりの程度「壊れている」と思っている。

ニッポンは世界一安全で安心な国である。殺人の犯罪率はほとんど世界一といってよいほど低い。もちろんこれ自体は悪いことではない。ところが、一九九八年に自殺者が年間三万人を超え、いまでも二万人近くが自殺する。しかも若者の死因の第一位が自殺なのだ。これはじつは先進工業国中、最悪レベルの数字である。

つまり他国と比べて、他人を殺すことはきわめて稀だが、かわりに自分を殺すのだ。この異様で深刻なこの国の状況を、いったいどう考えればよいのか。これを「壊れている」としかいいようがないのではないか。

では、いったいなぜそうなるのか？

それは端的にいって、この国に特有の「世間」の同調圧力に由来する閉塞感や息苦しさや生きづらさがあるからである。しかも私の感じでは、ここ二〇年ぐらいの間に、「世間」が復活・強化しつつあることで、それがますますひどくなっている。ようするに、どんどん「壊れている」のだ。

私は、加害者家族への差別や排除などのバッシングのあり方は、いまニッポンにまん延する閉塞感・息苦しさ・生きづらさの集約的表現であると思っている。だから、バッシングの問題を根本的に解明するためには、この息苦しさの根源となっている「世間」を、きちんと解析しなければならない。

というよりも、この問題を本質的かつ包括的に説明できるのは、唯一世間学だけだと思っている。世間学は二〇年ほど前に、歴史学者の阿部謹也などによって創出された、まったく新しい学問である。

本書では、この世間学の観点に立ち、加害者家族へのバッシングの構造を、①「世間」の構造（第一章）、②なぜ、〈近代家族〉が定着しなかったのか（第二章）、③なぜ、犯罪率が低いのか（第三章）、④なぜ、自殺率が高いのか（第四章）という角度から明らかにしたい。

そしてその背景にある、ニッポンの「世間」の閉塞感・息苦しさ・生きづらさを、どうやって解除してゆけばよいかについての手がかりを得たい。

加害者家族バッシング——世間学から考える——◉目次

第一章　ニッポンにしかない「世間」——世間学の概要

第一章では、「世間」とは何か、ということを概略的にのべておきたい。まあ、いってみれば、「世間学入門」みたいな話である。「世間」の基本構造を頭に入れておいてもらえば、それがいかに加害者家族問題に深く関わっているかが、よく理解していただけると思うからだ。

1　「世間」と社会の二重構造が生まれた

「世間」は人的関係のあり方をあらわす言葉である。ふつうに考えれば、これは世界のどこの国にでもあるように思える。つまり「世間」的な人間のつながりは、べつだんニッポン固有のものでなく、世界のどこにでもあると考えられがちだ。

だが「世間」は、現在では海外とくに西欧には存在しない。そういわれると不思議に思われるかもしれない。たとえば「世間」は英語に翻訳できない。society ではないし、community でもないし、world でもない。world については、It's a small world（狭い世間だね）というように「世間」と訳す辞書もあるが、やはりこれは「世界」であって、「世間」とは異なる。

英語にならないということは、少なくとも現在の英語圏には「世間」は存在しないということだ。

いまから二〇年ほど前、このニッポン特有の「世間」の存在に注目したのが阿部謹也である。阿部はドイツ中世史の専門家なのだが、中世以前のヨーロッパの人的関係が現在のこの国の「世間」に似ていることに気づいた。つまり、昔はヨーロッパにも「世間」が存在したという。

阿部によれば、ヨーロッパでは十一・十二世紀以降、いまこの国にあるような「世間」が徐々に解体され、それにかわって個人から構成される社会が生まれたという。この変化に深く関わったのが、あとで触れるように、都市化と、とくにキリスト教のヨーロッパでの支配の確立である（『「世間」論序説』）。

明治時代には近代化＝西欧化とともに、さまざまな言葉が西欧から輸入され、新たに造語された。柳父章の『翻訳語成立事情』によれば、「近代」「美」「恋愛」「存在」「自然」「権利」「自由」などがそうである。そうしたもののなかに、「社会」と「個人」がある。

世間学を理解する上でもっとも大事なことは、社会と「世間」がまったく異なっていることの確認である。たしかに社会は「世間」とよく似ている。国語辞書によっては「世間」は社会とイコールであると説明するものもある。しかし社会は江戸時代にはなく、一八七七年ごろにsociety を新たに翻訳した造語である。

社会を分解すれば「社《やしろ》で会う」という意味で、人々が集まる状態をあらわしていたらしい。社会と似た言葉に「世間」がある。「世間」の歴史は古く、すでに一〇〇〇年以上前の『万葉集』に登場している。たとえば、山上憶良の「世間《よのなか》を憂《う》しとやさしと思へども飛び立ちかねつ鳥にしあらねば」は有名である。

当時の人々がsociety を、この江戸時代に存在した「世間」と訳さなかったのは、これが「人間の尊厳」と一体の個人の集合体であり、個人もまた江戸時代には存在しないことがわかったからであろう。炯眼というべきである。

では社会はいま存在するか? おそらく言葉はあっても、society の意味での社会はいまでも存在しない。

society が社会と翻訳された当時、ヨーロッパではそれはすでに近代市民社会として確立していた。しかも社会という概念自体、近代のはるか以前、八〇〇年程度の歴史があった。しかし、社会が翻訳されて一四〇年ほどたつが、この国にはいまだに本来の意味でのsociety は存在しない。

さらに個人という言葉も、一八八四年ごろにindividualを翻訳した造語である。individualは、語源的にいえばin＋divideから構成され、inは「否定」でdivideは「分割する」であるから、「これ以上分割できない」の意味になる。もともと個人とは「これ以上分割できない」最小単位のことなのだ。

この個人の集合体が社会である。個人は、いまでは日常語としてふつうに使われるが、じつはひじょうにやっかいな言葉である。言葉はあるのだが、それは英語のindividualとは似ても似つかないものなのだ。この意味で、個人もいま存在しない。すぐあとでのべるが、おそらくニッポン人に一番わかりにくいのが、この個人という言葉だろう。

問題は、明治以降の近代化＝西欧化の過程で、科学技術や政治制度や法制度などは輸入に成功し、それはうまく定着したのだが、西欧でそれらを生みだした基盤である社会という人的関係の輸入に失敗し、定着しなかったことである。つまり、それまでのニッポンにあった「世間」という人的関係の近代化＝西欧化が、うまくゆかなかったのだ。

その結果この国では、すでに万葉の時代から連綿と続いてきた「世間」と、明治以降に西欧という外部から輸入された社会との二重構造が生まれた。しかも社会という言葉はあっても、人的関係としてはタテマエにすぎず、「世間」という人的関係こそがホンネであるという二重構造が出来上がった。

いわばこれらは、土台としての伝統的な「世間」の上に、上部構造として外部からつけ加わった社会が乗っかる、というかたちをとっている。つまり上部構造としての社会がタテマエであり、土台としての「世間」がホンネとしてあるのだ。

2 思考の「コペルニクス的転回」を

西欧では、この社会という人的関係の基礎の上に、憲法などの近代法が成立した。権利や人権という、近代法ではもっとも重要な概念もそうである。ところがニッポンでは、近代法を輸入し、権利や人権という概念を一応輸入したものの、肝腎の社会の輸入に失敗したために、近代法は条文としては存在するものの、その実質が定着していない。

たとえば権利という言葉は、当然のことながら江戸時代にはなく、一八六八年ごろにright という言葉を翻訳した造語である。人権はhuman rightsであり、これも現在はふつうの言葉である。

ところで、英語の辞書でrightをひくと、「権利」の他に「正しい」と書いてある。You are right といえば「あなたは正しい」となる。つまり英語では「権利＝正しい」という意味になる。ここはきわめて重要なのだが、英語では「権利」をもっているだけで「正しい」ことになる。

しかしニッポンでは「あいつは権利ばかり主張するイヤな奴だ」といういい方があるよう

に、「権利＝正しい」とは考えない。「権利」と「正しい」はまったく別物なのだ。

このことが意味するのは、現在でも日本語の権利と英語のright はまったく中身が異なる、ということだ。日本では社会の輸入に失敗したために、西欧ではその基盤のもとに成立したright という言葉が正しく定着していない。つまり本来の意味とはまったくちがうつかわれ方をしている。

これは「社会のルール」である近代法、つまり「法のルール」全体にもあてはまる。極端にいえば、社会の存在を前提とする近代法などの「法のルール」は、「世間」が支配するこの国においてはタテマエにすぎない。

ようするにこの国の根底に存在するのは、権利や人権などの「法のルール」、つまり「社会のルール」はあくまでもタテマエであって、これから詳しく説明するが、「世間のルール」こそがホンネであるという、ダブルスタンダードの二重構造であった。

社会をごく簡単に定義するとすれば、「バラバラの個人から成り立っていて、個人の結びつきが法律で定められているような人的関係」となる。つまり、社会を構成しているのは個人であり、基本的に社会を動かす原理は「法のルール」である。

これにたいして、「世間」をこれも簡単に定義するとすれば、個人も「法のルール」も存在しないような、「ニッポン人が集団になったときに発生する力学」となる。

ここで「力学」という言葉をつかったのは、「世間」のもつ同調圧力もそうなのだが、それが、生活世界において絶大なチカラ＝権力をもっていることを示したかったからだ。ニッポン人が集団になったときに、その規模は三人から日本全体といったように融通無碍に変化するが、その都度、お互いの間で一種のチカラ関係として「世間」が生みだされる。

また「世間」というと、隣近所の噂話のような、何か私たちの外部にあるものを想像するかもしれない。だがそれは本質的にいえば、私たちのアタマのなかにしか存在しない共同の観念である。べつの言葉でいえば〈共同幻想〉である。

ここで「共同」ということの意味は、三人以上の複数の人間が作りだす観念＝幻想だということだ。幻想であるから、ないと思えばそれは存在しない。たぶん日本に来ている外国人は「世間」に含まれていないから、彼らのアタマのなかには存在しない。つまり「世間」というのは、ニッポン人に特有の現象なのである。

ここで社会と「世間」とのちがいについて、以前にまとめたものがあるので、次ページで一覧表にしておこう。

このニッポン特有の「世間」を解明するために、阿部さんや仲間たちと一九九九年に立ち上げたプロジェクトが「日本世間学会」である。世間学は、それから約二〇年の歴史をもつまったく新しい学問である（日本世間学会ウェブサイト　http://www.sekengaku.org/）。

では、この世間学に何が可能なのか？

たとえば「世間」は、その本質上しばしばつよい同調圧力を発揮することがある。ニッポン人にとって、学校なり会社なりで「世間」とぶつかったときに、それがあまりに強大であるために、何が敵なのかうまく理解できず、それと正面から対峙することができずに、結局「自分が悪い」と考えてしまう場合が多いのではないか。さくらと一郎の「昭和枯れすすき」にある、「いえ　世間に負けた」というやつである。

社　会	世　間
契約関係	贈与・互酬の関係
法の下の平等	身分制
個人の時間意識	共通の時間意識
個人の集合体	個人の不在
変革が可能	変革が不可能
個人主義的	集団主義的
合理的な関係	非合理的・呪術的な関係
聖／俗の分離	聖／俗の融合
実質性の重視	儀式性の重視
平等性	排他性（ウチとソトの区別）
一神教	多神教

（『犯罪の世間学』）

しかしここで必要なのは、思考の「コペルニクス的転回」である。

前述のように、「世間」は一見、自分の外部にあるようだが、じつは内面化されたものとして存在し、自分のアタマのなかにある〈共同幻想〉にすぎない。そう考えれば、「世間」はまったくべつの様相をあらわしてくる。このように「世間」を対象化するのが、世間学の方法なのだ。

すなわち、こうしたときに世間学の方法を知れば、いま自分が何にとらわれているかがわかり、自分を呪縛しているものの正体が明らかになる。つまりホントは、「自分が悪い」のではなく「世間が悪い」と、考え方の「コペルニクス的転回」ができる。その意味で世間学は、「世間」の正体を明らかにすることを通じて、私たちがより自由闊達に生きることができる世界への変革を目指す。

「世間」には特有のルールがある。基本的にこれらのルールは、現在では海外とくに西欧社会には存在しない。しかも私たちが「世間」のなかにいるかぎり、その空気を読み、守ってゆかなければならないと信じているルールである。

これらのルールを遵守しなければ、「世間」からは排除されることになる。私たちは「世間を離れては生きてゆけない」と固く信じているために、これらのルールは絶大なチカラをもっているのだ。

つぎに、これらのニッポンに特有の「世間のルール」について考えてみよう。

3 「お返し」が何より大事

まず、「世間のルール」のうち一番大事なのが、「『お返し』が何より大事」という「贈与・互酬の関係」のルールである。

お中元・お歳暮の習慣が典型であるが、これは、モノの「贈与」と「お返し」によって人間関係を円滑にしていることを意味する。お中元もお歳暮も海外には存在しない。基本的に海外ではモノをもらったとしても、その場で「ありがとう」というお礼はするが、ニッポン人のようにすぐに「お返し」が必要だとは考えない。

これはモノにかぎらず、メールのやり取りの場合も同じで、メールが来たら返信しなければならないと条件反射的に思うのは、この「贈与・互酬の関係」という「世間のルール」が、アタマに深く刷りこまれているからである。

面白いことに、じつはモノをもらうということは、それだけで心理的な負担になる。その負担から逃れるためには、ただちに「お返し」をするしかない。「タダより高いものはない」という諺があるが、これは「無償の贈与」を受けた場合に、あとでどんな対価、つまり「お返し」を迫られるかわからない、という意味である。

タダの贈り物なんて、ニッポンではありえないのだ。贈り物にはすべて「見返り」が要求される。

しかもお中元やメールのやり取りで、なるべく早い「お返し」が要求されるのは、遅れたら相手の自分への評価が低下することを恐れるからだ。これが重い心理的負担になっている。

ＬＩＮＥの「既読表示」でしばしばトラブルがおきるのは、そのためである。読んでいるのにメールの「お返し」ができないような人間は、「世間のルール」を守れない人間として人格的に低く評価されるからである。その結果、ＬＩＮＥに参加するグループ、つまり「世間」から排除されることになる。

メールはもともと、受信後いつ返信してもいいという自由度が大きいツールだったのだが、いつのまにか徹底的にお互いを縛り合うツールになっている。ケータイやスマホが普及することによって、それまでとは異なり、つねにリアルタイムでの返信が要求されるようになった。

つまり近年のネットの普及という技術革新によって、従来の「贈与・互酬の関係」のルールがますます強化されることになった。ニッポン人にとってこのルールを遵守することは、ゼッタイに外せないお約束なのだ。

これにたいして社会にはこのルールは存在せず、これに対応する社会を支配するルールは、契約関係などに代表される「法のルール」である。とくに西欧の場合、この「贈与・互酬の関係」は、現在でも誕生日やクリスマスのプレゼントなどに部分的にはのこっているが、基本的には十一・十二世紀以降に消滅した。

そのきっかけとなったのは、キリスト教の浸透である。『聖書』の「ルカによる福音書」一四章には、つぎのようにある。

昼食《ちゅうしょく》や夕食《ゆうしょく》の会《かい》を催《もよお》すときには、友人《ゆうじん》も、兄弟《きょうだい》も、親類《しんるい》も、近所《きんじょ》の金持《かねも》ちも呼《よ》んではならない。その人《ひと》たちも、あなたを招《まね》いてお返《かえ》しをするかもしれないからである。宴会《えんかい》を催《もよお》すときには、貧《まず》しい人《ひと》、体《からだ》の不自由《ふじゆう》な人《ひと》、足《あし》の不自由《ふじゆう》な人《ひと》、目《め》の見《み》えない人《ひと》を招《まね》きなさい。そうすれば、彼《かれ》らはお返《かえ》しができないから、あなたは幸《さいわ》いな者となる。正《ただ》しい人《ひと》たちが復活《ふっかつ》するとき、あなたは報《むく》われるだろう。

「貧乏人や障害者に施しを」とあるので、ここでいわれているのは、一見弱い者にたいする博愛精神のようにみえるが、そう単純な話ではない。じつはキリスト教会が、宴会に招かれたら招き返すという、当時あった「お返し」の贈与慣行を、教義上否定しているのだ。ただし、貧乏人や身体障害者だったら「お返し」ができないから、積極的に招きなさいということである。

すなわち、宴会に弱者や貧者を招きなさい、そうすれば天国に行けまっせ、ということで、現世の贈与慣行を、来世につながるものへと転換している。つまり、いまこの国にある、お中元やお歳暮などのような、現世に「お返し」がある「贈与・互酬の関係」が、はっきりと否定されたのだ。

これはたしかに、現世での「見返りは」はない「無償の贈与」といえるが、じつは「お返し」がぜんぜんないかといえば、来世にやってくるのだ。ヨーロッパにおける、死後の救済を求める教会への寄進はここからはじまっている。

これを「贈与慣行の転換」というが、現在の西欧社会における、博物館や美術館などの公共施設や慈善団体への寄付につながってゆく。私も一九九一年に初めてイギリスに行ったときに、大英博物館やスコットランド王立博物館などの公共の大きな博物館が、ほとんど入場無料だったことにかなり驚いたことがある。それが可能なのは、多額の寄付が集まるからだ（ただしいまは、多くの博物館や美術館が有料化している）。

4　差別の根源としての「身分制」

第二は「身分制」のルールである。「世間」には「年上・年下」「目上・目下」「先輩・後輩」「格上・格下」などの厳格な上下関係の序列があり、「世間」に生きるかぎりこれを意識し、これに従わなければならない。

しかもこの上下関係は、欧米の階級のように固定化されたものではない。自分が存在する「世間」のなかにおいて、ある位置を占めているということを意味する。その場その場の状況に応じて、対面する相手との具体的関係において上下の序列が決まる。だから「身分」はつねに状況的・流動的に、その都度その都度決定される。

最近のママ友の間での「ママカースト」や、学校での「スクールカースト」と呼ばれるものが典型だ。これは、グループなりクラスなりで、大小の「世間」が形成されたときに、その都度その都度、具体的な人的関係において序列が生まれることを意味している。

このことは、言語の問題を考えてみるとよくわかる。たとえば英語でいえば、Ｉという一人称やYOUという二人称。英語では一人称・二人称はたった一つしかないが、日本語の場合一人称は「オレ、僕、私、あたし、わい…」など、二人称は「お前、君、あなた、貴様、てめえ…」など、少し考えただけでも山のようにある。

これは日本語では、言葉を交わすその場その場で、相手との上下関係によって、言葉をつかいわけなければならないからである。つまり、相手の身分が自分よりも上か下かでつかう言葉が変わる。

また言葉を発する主体が、女性であるか男性であるかによってもまったく変わる。通常女性が「オレ」とはいわないし、通常男性は「あたし」とはいわない。ここに男性と女性という性差による身分が表現されている。ところが英語では、男性なのか女性なのか、文章上は区別がつかない。

これだけではなく、日本語ではもっとややこしいことに、尊敬語・謙譲語・ていねい語の敬語が存在する。相手との身分の上下関係において、「あげる」になるか「差し上げる」になるかが決定される。つまり動詞まで変わる。英語ではこの区別はない。

はっきりいって、日本語をつかう場合に、それが無意識であるにせよ、相手との身分関係をつねに考えていなければならないので、相当にストレスがかかる。日本語で表現するかぎり、このストレスから逃れることはできないのだ。

ところが英語においては、相手が友だちだろうが大統領だろうが、IとYOUで済む。つまりタメ口でよろしい。男性だろうが女性だろうが、同じ言葉でよろしい。これだけでかなりストレスを感じないで済む。

私は、現在の英語は社会の言葉であり、日本語は「世間」の言葉であると考えている。言語がひじょうに大事なのは、それがコミュニケーションの手段であるばかりではなく、モノを考える場合に人間の思考自体を規定していることだ。

同じことを英語で考える場合と、日本語で考える場合ではまるで異なる。つまり、私たちは言語のもつ構造からゼッタイにのがれることはできない。言語の問題は、とくに意識しないかぎりまったく気づかないが、社会と「世間」の決定的ちがいという意味で、ひじょうに大事なポイントである。

「世間」の「身分制」のルールに対応する社会のルールは、「法の下の平等」である。英語がお互いにタメ口でよいのは、この「法の下の平等」という原則があり、人的関係が水平的で平等であるからだ。つまり言葉を発するときに、いちいち身分に気をつかう必要はない。この意味で、垂直的な「身分制」の問題はあらゆる差別の根源であるといってよい。

もちろん西欧社会にだって、人種や民族や宗教や障害者やLGBTや女性にたいする差別など、さまざまな差別が存在する。しかしこの国とちがうのは、差別がおきたときにそれが「法の下の平等」に反するとして、権利侵害や人権侵害であると主張し、正面から闘うことができる点である。

ニッポンでは、差別を受けた場合に権利や人権をもちだしても、「世間」はそれを認めない。あからさまに批判はしないが、だいたい遠巻きにながめて、見て見ぬふりをする。権利や人権という概念がまったく定着していないからである。もちろん日本国憲法一四条は「法の下の平等」を規定している。しかしそれは、あくまでも社会に属するタテマエにすぎない。

たとえばＬＧＢＴにたいする差別を考えてみよう。一般論として、だれだって「差別はいけない」「人権は大事である」という言葉に反対する人はいない。ところがそれが個別具体的に、自分のまわりの友人とか家族の問題となったときに、つまり身近のだれかがＬＢＧＴをカミング・アウトし、それを理由として差別されたときに、ちゃんと権利や人権を守ることができるかといえば、多くの場合、たぶんできない。

なぜなら、この国で権利や人権を主張することは、「空気読め」という「世間」の圧倒的な同調圧力と、闘わなければならないことを意味するからである。「世間」に逆らうのは難しい。先述のように、right が本来の意味で使われていないのも、そうした理由があるからである。

5 「出る杭は打たれる」ということ

第三は、「共通の時間意識」のルールである。少し聞き慣れない表現だが、端的にいえば

「出る杭は打たれる」ということであり、「世間」では「みんな同じ時間を生きている」という意識を共有しているということだ。

これに対応する社会のルールは「個人の時間意識」ということになる。つまり「みんな同じ」とは考えないし、バラバラの時間を生きていると考えている。じつはこれは多様性を認めることにつながる。基本的に西欧社会はこのルールが貫徹している。

「共通の時間意識」を少し細かく考えてみよう。それは、①個人の不在、②人間平等主義、③ウチとソトの厳格な区別、という三つの要素からなる。

①の「個人の不在」。先にのべたように、個人とは一四〇年ほど前にindividualを翻訳してつくった造語である。当然のことながら、江戸時代に個人は存在しなかった。では、いま個人が存在するか。individualの意味の個人は、たぶんいまだって存在しない。

ここが問題なのだ。その意味で個人は、言葉としては現在ふつうにつかわれるようになったが、じつはひどくやっかいな言葉である。

ヨーロッパで個人は、都市化と、「告解」の普及によるキリスト教の支配の確立によって、十一・十二世紀以降に生まれた。

都市化とは、当時ヨーロッパ各地に中世都市が成立したことで、そこに農村から人が集まってきたことを意味する。都市では、手工業者が登場し、職人、徒弟などの新しい市民層が生まれ、それによって貨幣経済が浸透していった。こうした変化が、個人を生みだす基盤となったのだ。

また告解は、現在でもカトリック教会にのこっているが、自分の罪を神に向かって（実際には司祭にたいして）告白することだ。とくにキリスト教会は、一二一五年の「第四回ラテラノ公会議」において、一年に一回教会で告解することを、ヨーロッパ中の成人男女に義務づけ、その支配を確立していった。

この告解では、罪の告白をつうじて、自分の内面を神に向かってプレゼンテーションしなければならない。おそらくこれは、当時の人々にとっては、大変なことだったと思う。こうして人々が罪を意識することを通じて、ヨーロッパの歴史上初めて内面が意識されるようになり、これが個人を生みだしたのだ。いいかえれば、それまでは自分の内面が意識されることなどなかったのだ。

内面が存在しなかったなどといわれると、なんとも面妖で、なかなか想像がつかないかもしれない。しかし、それ以前の人間は、自分のことを示すのに、自分の内面を語るのではなく、他人との絆や、部族など共同体のなかでの自分の身分や地位を示すことで表現した。つまり、自分は自分が所属する集団のなかに埋没し、それと一体化していた。

もう少し具体的にいえば、たとえば現在のニッポンの「世間」のなかでは、「身分制」があるために、自分がどういうことを考えている人間であるかよりも、「あなたはどこの出身ですか？」とか、「会社はどこですか？」とか、「どこの大学を出ましたか？」とか、「お父さんの職業は?」などと聞かれることが多い。これと同じで、当時の人々は、他人との絆や共同体における身分や地位を示すことで、自分を表現したのだ。

近代人である私たちからすれば、モノを考えたりするような心や内面は、歴史貫通的にどんな時代にもあったと考えがちだ。しかし、「いかに生きるべきか」などと人生に悩んだりするのは、歴史的にみると比較的新しい習慣なのだ。そして十一・十二世紀以降、この個人が集団から離陸し、それまであった「贈与・互酬の関係」などの「世間」のルールを否定して、個人から構成される社会を生みだしていった。

社会とは、前述のように、「バラバラの個人から成り立っていて、個人の結びつきが法律で定められているような人的関係」である。社会は合理的な「法のルール」から構成される。それが成立する大きな要因となったのが、聖/俗の分離、すなわち、つぎで触れるが、非合理的な「呪術性」という「世間」のルールの否定であった。

その後この社会を基礎とし、十七・十八世紀以降の啓蒙思想と市民革命の進展によって、権利や人権という近代法的な概念が生まれ、近代市民社会が成立してゆくことになる。前述のように、明治時代にニッポンに輸入されたsocietyとは、この近代市民社会のことであった。

ところで『個人の発見』という本を書いたC・モリスは、十二世紀にヨーロッパで生まれた個人をもっともうまく表現するものとして、イギリスの作家・W・H・オーデンの、つぎのような詩をあげる。

鼻の端から三〇インチ。
私の人格の境界線。
そこに横たわる未開の空間、
それこそ個人の敷地、領域だ。
見知らぬ者よ、親しい眼差しで
私が呼びかけぬ限り、
無礼にも境界を越えてはならぬ。
武器は手にしていないが、
つばは吐きかけることができるのだ。

オーデンは、自分の周囲三〇インチ（約七六センチ）が、ツバを吐きかけることができるような、守られるべき個人の範囲だという。満員の通勤電車で毎日出勤し、隣の人間との距離五センチが日常のニッポン人的にいえば、この他人との距離の感覚がもっともわかりにくい。

この感覚、じつは私は軽いパニック障害（症状はいろいろだが、典型的には閉じこめられるのがダメな「閉所恐怖」）があるために、多少はわかる。しかし「武器は手にしていないが」などというような、へたするとお互い殺し合いになりかねない、個人の敷地や領域への執着のスゴさは、正直いってよくわからない。

この国にはこの強烈な個人が存在しない。自己主張する個人は、まさしく「出る杭は打たれる」のである。これは決定的なちがいであるといえる。

②に「人間平等主義」である。これは『タテ社会の人間関係』を書いた中根千枝の言葉だ。人間には本来能力や才能の差があるはずなのに、貧乏人でも、成功しない者でも、教育のない者でも、そうでない者と平等に扱われる権利があり、自分はたんに運が悪かっただけで、他の人間と変わらない、と考えることである。

そういわれると、思いあたるふしは沢山あると思う。たとえば、最近の小学校の運動会では、生徒の間で差がつかないように、徒競走でつぎのような「きめ細かい〝配慮〟」がなされるという。

「低学年のうちは早生まれがハンディになりやすいため、生年月日の順番で走らせる。高学年は事前にタイム測定し、同じくらいの速さの子が一緒に走るよう、うまく調整するのです。また、レーンは子供に選択権を与え、保護者からのクレームを防ぐことにもなるので、じゃんけんで決めます」

（「週刊ポスト」二〇一九年四月十二日号）

なかには、徒競走で差がつかないように、足の早い人はゴール前で遅い人を待ち、みんなで一緒にゴールする学校もあるそうだ。理由は「足の遅い子どもが可哀想だから」ということらしい。何かヘンである。そんな神経症的な「配慮」がホントに必要なのか。

徒競走で足が速かったり遅かったりするのは、その人の個性にすぎない。ちがって当然なのだ。しかし、「世間」には能力や才能の差を認めない「人間平等主義」があるため、能力や才能の差をひたすらみえないように隠蔽する。ほとんどブラック・ユーモアとしか思えないようなことが現実におきる。やらせた先生や見ていた保護者が、これを異常と思わないのは異常としか思えない。

さらに最近の大学の入学式で学生が黒一色のリクルートスーツ姿なのも、この「人間平等主義」があるためである。黒いスーツに白のシャツの女子学生に聞けば、「悪目立ちするのはイヤ」というのが理由らしい。

さすがにこの新入生の個性のなさに、深い危機感をもった大学もある。二〇一九年一月に国際基督教大学（ＩＣＵ）は、新入生にたいして、「入学式はリクルートスーツである必要はなく、あなたらしい色とデザインを自分の意思で選んで下さい」というメッセージを出したそうだ。

このメッセージを出した加藤恵津子・学生部長は、「服装の統制は、言論や思想の統制と隣合わせ」であり、「創造性や個性と言いながら、大学生がこの服選びで良いのか」と問題提起する（「朝日新聞」二〇一九年四月十二日）。

ちなみに黒一色になったのは、一九九〇年代後半から二〇〇〇年代初頭にかけてらしい。第四章で詳しくのべるが、私は九八年ぐらいから、この国の「世間」が復活・強化し、「世間」の同調圧力が飛躍的に高まったと思っている。黒一色のリクルートスーツの席巻は、それを象徴している。

じっさいにこの年のＩＣＵの入学式がどうなったのかは未確認だが、ひょっとすると例年と変わらなかったのかもしれない。

いずれにせよ、ため息の出そうな話である。
③の「ウチとソトの厳格な区別」。「世間」のウチは「みんな同じ」という同質性の世界で一色になるために、それからソトへと排除される異質な者が出てくることで、「世間」のウチとソトには厳格な区別ができる。
「世間」のウチに所属する人間は「身内」と呼ばれ、大事にされ援助を受けることができる。ところが「世間」のソトの人間は、「あかの他人」とか、文字通り「外人」と呼ばれて排除され、かりに援助をもとめても無視される。

これは社会という概念にはありえない。社会にはウチとソトの区別はない。なぜかといえば、社会という概念は原理的にいって一つしかないからだ。「世間」という概念は大きなものから小さなものまで無数に存在する。「世間」が複数存在するために、必ずそのウチとソトの間にはっきりとした境界ができるからである。

ウチとソトの区別の例をあげてみると、一番はっきりしているのは、「外国人お断り」を堂々お店の入り口に掲げている飲食店である。海外では明らかに人種差別や人権侵害になる。国によっては、警察に通報され逮捕されることもある。残念ながらニッポンでは、理由はいろいろあるのかもしれないが、これが珍しくない。

「世間」はウチとソトの間に境界を設け、「外人」や「外国人」を「世間」のソトへと排除する傾向がきわめてつよい。鴻上尚史は、「世間のルール」の一つとして、「排他的で差別的」をあげる（『「空気」と「世間」』）。これが「目に見えない」部落差別や学校でのいじめにつながるという。ウチとソトをわけることは、そのまま差別につながる、ということである。

6　じつは信心深いニッポン人

第四は「呪術性」のルールである。ニッポンには俗信・迷信のたぐいがものすごく沢山ある。超自然的なものや霊的なもの、といいかえてもよい。

たとえば「大安」の日に結婚式が集中したり、「友引」の日に葬式をしないのは、目には見えないし、守らなくとも処罰されるわけでもないのに、この「呪術性」のルールにつよく縛られているからである。自分は「無宗教」だと思っている人も多いかと思うが、この意味でニッポン人はきわめて信心深いのだ。

「呪術的」なのは、「世間」がもともと一〇〇〇年以上の古い歴史があり、きわめて古い俗信・迷信をずっとのこしてきたからだ。お地蔵さま、観音さま、お稲荷さま、道祖神など、すべてそうである。そこには沢山の神様が存在している。つまり「世間」は「多神教」なのだ。

おそらく自分が「無宗教」だと思っている人が多いのは、西欧の「一神教」と異なり、「多神教」では神様が沢山いるので、自分がいったいどの神様を信じているのか特定できないからであろう。「苦しいときの神頼み」とよくいうが、どの「神」なのかはっきりしないにもかかわらず、「神頼み」するという点では信心深いといえる。

これにたいする社会のルールは「合理性」である。じつはヨーロッパにも、いま「世間」にあるような俗信・迷信のたぐいがあったのだが、キリスト教の支配とともになくなっていったのだ。

すこし考えてみればわかるが、当然のことながらキリスト教は、神は一人しかいない「一神教」なので、自分たち以外の信仰を認めない。ちなみに「モーゼの十戒」の最初の文言は、「あなたには、私をおいて他に神があってはならない」である。

つまり他の「多神教」の神様を、「邪教」であるとして徹底して弾圧し排除した。その手段としてつかわれたのが、さきほどのべた告解である。これを通じて十一・十二世紀ごろには、キリスト教が全ヨーロッパに浸透していったのだ。

告解のさいに神父が使用したマニュアルが「贖罪規定書」である。このなかには、キリスト教徒にとって何が罪になるか、どういう贖罪が科されるかが書かれていた。現在の「世間のルール」でいえば、たとえば大安の日を選んで結婚するようなことは禁じられ、これに反した場合に、「パンと水だけで一カ月」というような贖罪が、司祭によって信徒に科された。「呪術性」とはようするに、合理的に説明がつかないということだ。たとえば、最近流行りの「パワースポット」は、なぜそこにパワーが集まるのかを合理的に説明できない。ところが西欧では、こうした「呪術的」な習慣を徹底的に弾圧し排除したために、「社会のルール」は一応「合理的」なものとなった。したがって社会では、ほとんどのことは合理的に説明がつく。意味のわからない「呪術的」なことは、原則的に存在しない。

とくに問題なのは、この国では「呪術性」の一つとしてケガレの意識がつよいことだ。すなわち、伝統的にハレは非日常の意味で、ケというのは日常。それが枯れている状態がケガレである。これは、具体的には、死や疫病などの忌まわしく思われる状態であり、このケガレを落とすために「ケガレを祓う」ことがおこなわれる。

第三章で詳しく説明するが、ニッポンでは犯罪／犯罪者や犯罪に関わったモノもケガレとみなされる。犯罪の加害者家族が「世間」から排除されるのは、この強固なケガレの意識によって、家族もまたケガレとみなされるからである。

ところで「恵方巻き」というのがある。節分の日に、巻き寿司をその年の恵方に向かって丸かぶりすると願い事がかなう、というものだ。いうまでもないが、これも合理的に説明がつかない。もともと関西の一部にあった習慣を、一九九八年ごろにコンビニが仕掛けて、あっという間に全国展開したものだ。そうなるのは、「世間」に「呪術性」のルールがあるためである。

恵方巻きは二月の節分の行事だが、ニッポンでは伝統的に節分には豆まきをし、七夕には短冊に願い事を書き記した笹を飾り、夏のお盆の季節には墓参りをして祖先を供養し、秋にはお月見をして団子を食い、正月の元旦には初詣をする。いずれも年中行事と呼ばれるもので、一年で完結する。

ここを流れる時間がきわめて特異なのは、十二月には忘年会を開いて一年にあったことをチャラにし、翌年の一月一日には「明けましておめでとう」とか「謹賀新年」とお祝いをして、まったく新しく時間が始まることだ。ここには歴史の断絶がある。年中行事は毎年同じことがおこなわれるが、一年で完結するため、時間の流れは一年をぐるぐる廻る「円環的時間」ということになる。

さらに二〇一九年五月に改元があり、平成から令和に元号が変わったが、ここにもじつは「円環的時間」がある。元号は人為的かつ無意味に歴史を断ち切る。つまり、元号が変わるたびに、それまでの時間が途絶し歴史が断絶する、ということがおきる。

ニッポン人にとって、正月にせよ、入学式にせよ、入社式にせよ、儀式がきわめて大事である。それは「新年おめでとう」「入学おめでとう」「入社おめでとう」と、それまでの時間や歴史をリセットして「新たなキモチ」になることができるからだ。

しかし、元号が変わって新たな時代になったからといって、それまでの歴史がチャラになるわけではない。それまでの課題が片づくわけではない。正月になったからといって、それまでの歴史がチャラにならないのと同じである。

ではは社会を流れる時間はどうか。社会がヨーロッパでキリスト教の支配とともに始まったことはすでに確認した。この意味で社会には「直線的時間」が流れている。なぜ「直線的」なのか？

社会の時間の典型は西暦であるが、この時間意識は、キリスト誕生より二〇〇〇年以上という連続的で直線的な時間のなかにあるからだ。元号のように歴史がしょっちゅうブチ切れたりはしないのだ（ちなみに正確に覚えているだろうか。昭和は六十四年一月七日、平成は三十一年四月三十日で終わった）。

ではニッポンの正月のような年中行事は、西欧には存在しないのか。クリスマスがあるではないか、と反論されそうだ。たしかに、正月もクリスマスも毎年くり返される。

正月からはじまり大晦日に終わる年中行事は、一年で完結し円環している。ところが、クリスマスはキリストの生誕を祝うもので、たしかに毎年くり返されるが、そのなかには二〇〇〇年余の時間が直線的に流れている。だから、正月とクリスマスはまったくちがう。これは、「世間」を流れる時間と、社会を流れる時間との決定的なちがいを示している。

歴史がブチ切れてしまう場合の一番の難点は、中国との「南京大虐殺」の問題にせよ、韓国との「従軍慰安婦」の問題にせよ、これらの歴史的事件と現在とのつながりが、まったくみえなくなってしまうことだ。

阿部謹也はこれを、「『世間』には歴史がない」という（『近代化と世間』）。第三章で触れるが、こうなると、自分と関わる歴史的事件が、主体的に関わってゆくものではなく、あたかも台風などのような自然災害のようにしかとらえられなくなる。こうした歴史意識は、「世間」の「呪術性」のルールから生じるのだ。

第二章　親〈家〉は責任を取れ——ニッポンにおける〈近代家族〉の不在

第二章では、まず、加害者家族問題を考えるにあたって、この国における家族のかたちに大きな問題があることを明らかにしたい。というのも、加害者家族への差別や排除などバッシングの一番の理由は、「世間」があるために、明治時代に輸入されたヨーロッパ生まれの〈近代家族〉がいまでも未成熟で、ニッポンにほとんど定着していないことにあるからだ。

1　〈近代家族〉とはいったい何か

西欧諸国では、加害者家族へのバッシングはまず生じない。そういうと、不思議に思われるかもしれない。

たとえば、一九九八年にアメリカのアーカンソー州のミドルスクール（中学校）で生徒による銃乱射事件がおきた。そのとき驚くべきことに、加害少年の母親は、ニッポンのＴＢＳ

の取材に堂々、実名・顔だしで応じている。少年による重大事件の加害者家族である。考えてみてほしい、これがこの国だったらどうなるか。

さらには、二〇一三年におきた「ボストンマラソン爆破テロ事件」でも、実行犯とされた兄弟の母親が、ロシア南部ダゲスタン共和国の自宅で、英ＩＴＮテレビの単独インタビューに、やはり実名・顔だしで応じている。

そのさいに彼女は、「私の息子たちの犯行ではない」と、兄弟の無実を主張したという。このときにも、とくに家族が非難されることはなかった。つまり、西欧では子どもの無実を主張するなど、家族が自分の子どもを守ることができる。しかしこの国では、無実どころか、家族が何か主張することすら「世間がゆるさない」ことは明らかだ。

こうしたことが可能なのは、家族構成員はおのおの独立した個人であって、親と子はべつの人格であり、また家族は社会と原理的に対立するという考えが根底にあるからだ。それが生まれたのは、西欧では二〇〇年ほど前に〈近代家族〉という考え方が成立したからである。ところがニッポンでは、明治時代にこの〈近代家族〉という枠組みを輸入したものの、それから一〇〇年以上たっても、いまだに生活世界に定着していない。定着できなかったのは、「家」制度を含む「世間」が、ドラスチックな近代化＝西欧化を経験しても、現在まで執拗にのこり続けたからである。

では、〈近代家族〉とはいったい何か。そもそも〈近代家族〉は、十九世紀にヨーロッパにおいて成立した家族の形態である。これを典型的に語っているのが、一九世紀初めに活躍した哲学者G・ヘーゲルだ。彼は一八二一年に公刊された『法の哲学』のなかで、この〈近代家族〉の本質をつぎのように表現している。

家族は精神の直接的実体性として、精神の感ぜられる一体性、すなわち愛をおのれの規定としている。したがって家族的心術とは、精神の個体性の自己意識を、即自かつ対自的に存在する本質性としてのこの一体性においてもつことによって、そのなかで一個独立の人格としてではなく成員として存在することである。

追加〔愛の概念〕愛とは総じて私と他者とが一体であるという意識のことである。だから愛においては、私は私だけで孤立しているのではなく、私は私の自己意識を、私だけの孤立存在を放棄するはたらきとしてのみ獲得するのであり、しかも私と他者との一体性、他者の私との一体性を知るという意味で私を知ることによって、獲得するのである。

少しわかりにくいかもしれないが、ここでは、つぎの三つのことがのべられている。

第一に、家族の本質は「愛」にある。たぶんいまでも、これを聞かれたら欧米人はただちに同じように答えるだろう。

第二に、家族は、「精神の個体性の自己意識」「一個独立の人格」「私」「他者」「私の自己意識」「私だけの孤立存在」という表現にあるような、individualである個人から構成される。いうまでもないがこの個人とは、ヨーロッパで都市化とキリスト教の告解を通じて、十一・十二世紀以降に成立したものである。

第三に、それにもかかわらず家族は、「愛」による「精神の感ぜられる一体性」「一体であるという意識」「孤立存在を放棄するはたらき」によって、「成員」として存在することである。前と逆のことをいっているようにみえるが、あくまでもその前提は、個人の存在だということだ。

ヘーゲルのいう〈近代家族〉の原理とは、吉本隆明風にいえば、原理的に三人以上の人間の観念が生みだす〈共同幻想〉とも、一人の人間の観念が生みだす〈自己幻想〉とも区別される、二人の人間の観念が生みだす〈対幻想〉である（『共同幻想論』）。

ここで「原理的に」と私がいったのは、三人以上の家族も現実に存在するが、そのなかを支配する原理はあくまでも、二人の人間の観念が生みだす〈対幻想〉であるという意味である。

このような〈近代家族〉が、日本に輸入されたのは明治時代である。しかしそれが定着したといわれるのは、じつは第二次世界大戦以降である。

〈近代家族〉として一般的にいわれる特徴は、①公的領域と私的領域の分離、②家族間の情緒的関係の確立、③性別役割分業＝家父長制、の三点である。これらについて簡単に説明しておこう。

①については、近代以前の家族は、まわりのsociety たる社会（共同体）に埋めこまれていて、家族と社会との境界があいまいであった。当時の家族は、親族や召使や友人がごっちゃに出入りしていて、いわば街路の生活がそのまま入ってくるような生活で、家族という私的領域と社会という公的領域がはっきり分離していなかった。

つまり、プライベートな領域とパブリックな領域との分離がなされていなかった。

ところが十九世紀に成立した〈近代家族〉は、資本主義の本格的展開を背景として、〈対幻想〉つまり「愛情原理」を本質とすることによって、「市場原理＝競争原理」を本質とする〈共同幻想〉である社会に対立するものとして成立した。

なぜなら、愛はおカネでは買えないはずであり、「愛情原理」は、おカネの支配する「市場原理＝競争原理」と矛盾し対立するからである。いいかえれば、家族という私的領域とsocietyである公的領域が、はっきり分離し対立してゆくのである。

②については、まず夫婦の関係においては、〈近代家族〉以前には、恋愛のような情緒的関係が希薄だった。ヨーロッパで恋愛は十二世紀に生まれたが、当初不倫の関係としての「宮廷風恋愛」としてあり、夫婦の間には愛など存在しなかった。

だが、individualたる個人が生まれ、それを前提として、ヘーゲルのいう夫婦間の「精神の感ぜられる一体性」、つまり「愛情原理」を本質とする〈近代家族〉の成立によって、愛というものが家族の価値としてその中心に置かれるようになった。

さらに、恋愛というものが人生において価値があるものとみなされ、恋愛の結果としての結婚が考えられるようになった。つまり「恋愛結婚」の誕生である。

つぎに親子関係においても、子どもにたいして関心と愛情のまなざしが注がれるようになった。近代以前の家族においては、P・アリエスが『〈子供〉の誕生』でいうように、現在いう子どもは七、八歳で「小さな大人」とみなされ、早いうちから徒弟修業に出されたため、両親の愛情を注がれるような存在ではなかった。

しかもそれ以前の子どもは、いわば動物と同じように扱われた。しかし、公教育が登場する「学校化」によって、徒弟修業に出ていた子どもは家庭に引き戻されることになり、子どもにたいする関心が生まれ、愛情のまなざしが注がれることになった。

③は、「夫は外で仕事。妻は家で家事と育児」という性別役割分業＝家父長制である。つまり、男性は公的領域、女性は私的（家内）領域という役割分業である。

一九世紀には母性愛が強調され、男性は外で仕事をし、女性だけが家事と子育てをすべきことが喧伝されてゆく。家父長制という点では、妻が夫の後見の元に置かれ、固有財産の処分権もなかったという、旧慣習に配慮したフランスの「一八〇四年ナポレオン民法典」がその典型である。

この性別役割分業は、二十一世紀に入った現在においてなお、大きな影響力をもっている。とくにこの国では、あとでのべるように、「家」制度が廃止されたあとにも、「世間」のいわば出先機関といえる「いえ」の意識がのこり、「世間」に「身分制」というルールがあるために、男性と女性の性別役割分業という考え方がいまでもきわめて根強い。

①~③のうち加害者家族問題との関わりでは、①の公的領域と私的領域の分離と、②の家族間の情緒的関係の確立、という点が重要である。

たとえば、前述のアーカンソー州の中学校の銃乱射事件では、事件をおこした加害少年の母親の元に、全米からダンボール二箱分の手紙が届いた。取材での手紙の中身についての質問に、なんと驚くことに、母親は「全部励ましです」と答えたという。

その内容は、「いまあなたの息子さんは一番大切なときなのだから、頻繁に面会に行ってあげてね」「その子のケアに気を取られすぎて、つらい思いをしている兄弟への目配りが手薄にならないように」「日曜の教会に集まって、村中であなたたち家族の為に祈っています」などというものであった(『加害者家族』)。

こうした反応がニッポンでおよそありえないことは、この事件が少年によっておこされたことを考えればすぐわかる。この国では成人の事件ですら「親(家)は責任を取れ」という。ましてや、それが成人に達していない少年の事件の場合には、結果は火を見るより明らかである。

これは欧米においては、家族構成員は独立した個人であり、公的領域たる社会〈共同幻想〉と私的領域たる家族〈対幻想〉は明確に分離され、場合によっては対立するという、〈近代家族〉の理念が歴史的に形成されてきたためである。

いいかえれば、家族は情緒的関係である「愛情原理」から構成されており、それが社会の「市場原理＝競争原理」とは対立する、ということが強く意識されているためである。つまり、家族は「愛情原理」によって、社会の非難から子どもを守らなければならないという考えが、人々の意識として明確に共有されているからである。

それが、「村中であなたたち家族の為に祈っています」といった、銃乱射事件の加害者家族への激励のメッセージとしてあらわれている。それ故、加害者家族であっても、実名・顔だしでメディアに登場することが可能となるのだ。

2 ニッポンにおける「家」制度の刻印

これにたいしてニッポンにおいては、たとえば有地亨が『家族は変わったか』のなかで指摘するように、〈近代家族〉がいつ出現したかについては、かならずしも明確ではない。それどころか、ここでの最大のポイントは、明治時代にヨーロッパから〈近代家族〉を輸入したものの、戦前の「家」制度、そして戦後の「いえ」の意識によって、現在でも定着しないままになっていることである。

よく知られているように明治政府は、近代化＝西欧化の一環として、富国強兵政策をとり資本主義の発展を促進し、対外的に不平等条約の改正をするために、近代国家としての法制度の整備を急いだ。

とくに不平等条約の改正は、ニッポンが国家として主権を回復し、諸外国との対等の立場にたって国際的に外交・取引をするために、火急の課題であった。そのために、各藩の固有の慣習が廃棄された状況のなかで、国内的にさまざまな統一法典をつくる必要があった。

そのうち民法については、フランス人の法学者ボアソナードなどによって起草され、一八九〇年に公布されて、一八九三年から施行されることになっていた。

ところが、この民法にたいして、忠孝の倫常の本体である祖先尊崇の「家」制度を規定せず、平等主義のキリスト教にもとづくフランス法の影響がつよすぎるとして、「民法出デテ、忠孝亡ブ」（穂積八束）といった批判がまきおこった。

この「法典論争」の結果、民法の施行は延期され、新たに民法が起草され、一八九八年に公布・施行された。「法典論争」をへて新たに制定された明治民法のなかで、家族法の基本線は、対等な人の権利・義務の平等関係を規定する個人主義的・自由主義的な近代財産法とは異なるものとなった。

つまり、江戸時代から連綿と続いてきた「家」制度が、色濃く刻印されたものとなった。

有地亨によれば、明治民法の基本的な性格は以下のようなものである。

この家族法で定められたものは、「家」制度であり、「家」制度は、戸主権と長男子の単独相続である家督相続を中心とする。戸主は「家」構成員の婚姻や縁組には同意権をもち、それらの者の居所を指定する権利をもって干渉することができ、婚外子が入家するについても同意する権利をもった。夫権を認め、妻の無能力制度を定め、夫と妻とを不平等に置き、また、親と子の関係も親の子に対する権利を基調とする親権を定める。つまり、「家」内部の人間関係は戸主を中心に置き、対等な関係ではなく、上下に配置され、支配と服従の関係とされ、未成年の子だけではなく、独立で生計を営まない成年の子をも父の親権に服するとされた

（『日本の親子二百年』）

「家」制度を基本とする明治民法は、夫婦関係においては、夫に夫権があり、妻を無能力とする不平等な関係を規定する。いうまでもないが、ここに個人の存在を前提とする平等な関係はない。

親子関係においても、家長である戸主の絶対的な支配／服従の権利を認め、親権が未成年の子どもだけではなく、「家」構成員の成年の子どもにまで及ぶ。ここでも、子どもは大人と平等の個人とはみなされず、支配／服従の対象となっている。

このことが意味しているのは、「世間」における「身分制」のルールが、家族内部にまで貫徹しているということである。つまり夫婦においては、夫のほうが妻より上であるという男尊女卑的な「身分制」が貫徹している。さらに親子関係においても、戸主の親権は絶対であって、子どもは服従しなければならないという「身分制」が貫徹している。

構成員にたいする絶対的な親権をみとめる「家」制度のもとでは、結婚は「家」と「家」との関係であり、相手方が自分の「家」とつり合った「家」の子女であることが望ましい。親同士が子どもを「いいなづけ」として、将来結婚させる約束をすることが多かった。子どもにとって自由な恋愛も、自由な結婚も、もちろん恋愛結婚も存在しなかった。

ただし、江戸時代に武士階級以外では、女系相続や末子相続が一部でおこなわれていたそうだ。つまり、男系相続や長子相続といった「家」制度が国民全体に普及したのは、明治時代に入ってからである。いいかえれば、「家」制度は明治期に「発明」されたものだといってもよい。

この点で本田和子は、家制度は明治時代に「国民国家に適合的に作成された」家族モデルにすぎないという。

江戸時代には男系相続以外の多様な「家の形」が存在していたらしいのだが、それらをすべて消去した上で、武家のそれが範とされたのであった。そして、こうして形成された「家族」が基盤とされ、国民国家像が構想されたのだが、この場合、「家族モデル」が国民国家に適合的に作成されたと同様、国民国家もまた「家族モデル」に適合的に形成されたのであった。したがって、わが国の場合、第二次大戦後の新民法制定まで、規範モデルとして機能していたのは、封建治世下の武士階級の「家制度」であったということになるのである。

（『子どもが忌避される時代』）

江戸時代の武士階級の割合は、士農工商のうち全体の一割以下だといわれるから、明治政府は武家の「家」制度というきわめて特殊な家族モデルを、明治民法を制定することによって、国民国家全体に強制したことになる。

これと関連して、本書で詳しくのべることはできないが、私は明治以降の「世間」と近代以前の「世間」は区別して考える必要があると思っている。端的にいってそれは、明治以降の「きびしい世間」と、それ以前の「やさしい世間」とのちがいである。

おそらくそれは、身分制度にしばられていた近代以前の「世間」においては、武士階級以外では「やさしい世間」と人々に認識されていた。ところが明治時代に、武士階級の「家」制度が国民全体に強制されたこととパラレルに、武士階級を中心として形成されてきた「きびしい世間」に、全体が変化していったのである。

もちろん細かくみれば、現在の「世間」にはさまざまな側面がある。だがざっくりいうと、現代ニッポンの「世間」とは、近代以前の「やさしい世間」ではなく、この明治時代以降に形成された「きびしい世間」の延長線上にあると考えられる。

だから、「世間」の同調圧力がつよまっているいま必要なことは、まず、この「きびしい世間」のルールと、「やさしい世間」のルールを腑分けすることである。その上で、「きびしい世間」を解体し、「やさしい世間」を復権させることである（詳しくは、私の『目くじら社会の人間関係』を読んでほしい）。

話を戻そう。では、この「家」制度にもとづく明治民法上の家族は、ヨーロッパから輸入された〈近代家族〉と、どのような関係にあったのか。先に整理したように〈近代家族〉の特徴は、①〜③の三点あった。

①の、私的領域と公的領域の分離という点では、家族のなかに「世間」という公的領域の原理である「身分制」が貫徹しているわけだから、私的領域と公的領域が完全に分離されているとはいいがたい。

あとでのべるように、それは「家」が、「世間」のいわば出先機関のようになっていて、「世間」と家族とを架橋するものとして、この二つの領域の明確な分離をあいまいにしているからである。

すなわち、西欧では家族と分離された公的領域として社会が成立し、家族と社会は原理的に対立する。しかしニッポンにおいては、society を社会と翻訳したものの、社会という人的関係の輸入には失敗した。「世間」には私的領域と公的領域の明確な区別がないために、〈近代家族〉が前提とする私的領域と公的領域の分離が存在しないのである。

②の、家族間の情緒的関係の確立であるが、〈近代家族〉においては、夫婦の関係においても、親子の関係においても、individualたる個人の存在が前提となる。

しかし「世間」や「家」制度においては、そもそも個人の存在などありえないから、一般的な情緒的感情はともかくとしても、それを前提とする情緒的結合があるかどうか疑問がある。「家」制度において、ヘーゲルのいう「愛情原理」がつらぬかれたとは考えにくいからだ。

③の、性別役割分業＝家父長制であるが、「家」制度においては、家族構成員にたいする戸主の絶対的な権利が認められるという家父長制をベースとしている。とはいえ、性別役割分業と家父長制は必ずしも全面的に重なるものではない。

この性別役割分業については、〈近代家族〉の最盛期であったと一応いえる、一九六〇～七〇年代の高度成長期における「核家族の安定期」に、母性愛神話とともにむしろ強化された。この点で、「家」制度は〈近代家族〉の性別役割分業＝家父長制と親和性があり、相互補完の関係にあったといえる。

ところで周知のように、日本の「家」制度が〈近代家族〉とどのような関係にあるかについては、さまざまな議論がある。

たとえば落合恵美子は、近年の実証研究で、儒教にもとづく前近代的観念であると考えられてきた「良妻賢母」思想が、じつはヨーロッパの教育観の影響を受けて明治以降に生じた近代的観念であることが示されたり、家イデオロギーのプロパガンダとされてきた明治・大正期の修身教科書が、情緒性や親密さなどの近代家族的特性を密かに表現していることが明らかにされてきた、と指摘する。

落合はこれらの業績が、「前近代的な日本文化の象徴とみなされてきた『家』が、明治以降には欧米とも共通する近代家族的な性格を備えたものとして再構築されてきたこと」を示しているという(『近代家族の曲がり角』)。つまり封建制度の名残と考えられてきた「家」制度にも、西欧の〈近代家族〉と共通の性格をもつ部分があったという。

しかし、性別役割分業＝家父長制を除けば、はたして「家」が「近代家族的な性格」をもっていたかどうかは疑問である。はっきりしていることは、「家」は主要な部分で、とくに私的領域たる〈対幻想〉と公的領域たる〈共同幻想〉の明確な分離という点で、〈近代家族〉の特徴とは異なる本質をもっていることである。

それは、つぎにのべるように、日本の「家」が「世間」のいわば出先機関として、家族に介入するというかたちをとり、しかもその構造が「いえ」の意識として戦後ものこってきたと考えられるからだ。

3 「世間」の出先機関としての「家」

ニッポンの家族はそれゆえ、私的領域と公的領域の分離が明確になされていない。これが典型的にあらわれるのが、「子どもの不祥事」がおきた場合である。有地は、つぎのようにいう。

子が成年になった後でも、不祥事を引き起したような場合に、親がいれば、その親が常に社会的に責任を問われる、というのが今日でも日本の実情である。しかも、親が名望家の場合、社会的非難は不祥事を起した当の子ども個人よりも親に対して向けられ、親の社会的地位が高ければ高いほど、批判は厳しいという奇妙な現象がある。

（『日本の親子二百年』）

親が芸能人であるとか政治家であるとか、有名であればあるほど、つよい責任非難が親に向けられるのは現在でも同じだ。こうのべた後で、有地は、大正末期におきたきわめて興味深い心中未遂事件を紹介している。

すなわち、一九二五年六月に、K男爵の長男（三十一歳）が、赤坂の芸者（二十二歳）と中禅寺湖で投身自殺をしようとし、相手は死亡した。だが、自分だけ死に切れず、かみそりでのどをかっ切って苦悶中に船頭に救出された、という心中未遂事件である。長男は東大を卒業し、某商社に就職したのち実業家の娘（二十四歳）と結婚し、二人の間には男の子（一歳）がいた。

父親のK男爵は爵位を返上し、貴族院議員、慶大医科学長、同病院長、日本医師会会長などの一切の公職を辞し、今後一介の医師として過ごす決意をしたという。そのさいに、息子の行為について「不肖な息子Aの行跡に関しては、世間に対してなんとも申し訳ない。いまはなんと罵られても嘲られても一言の返す言葉もない」と語ったという。

最終的にこのケースでは「世間」から同情が集まり、学生の留任嘆願などもあって大学への辞表は撤回されたという。有地は、親が「世間」にたいしてこうした責任のとり方をしなければならないのは、「家」制度にその理由があるという。

このような親に加えられる非難は、「家」制度では、「家」の個々の構成員の行為についての責任は「家」全体の責任であり、とりわけ、「家」の代表者である家長＝戸主によって問われるという考えからすれば当然ということになるのかもしれない。したがって、このような連座の考え方は、近代法で、親と成人になった子とは責任の主体は別個であると立法された後でも、社会では公然とまかり通ることになる。

（『日本の親子二百年』）

「世間」は家族の外部にあって、家族をとり囲んでおり、家族に介入する。「家」は、家族にとって、いわば「世間」という中央官庁の指示を忠実につたえる出先機関のような役割をはたしている。その指示の内容とは、家族の行動について「世間体が悪い」とか「世間がゆるさない」とか「世間では通用しないぞ」といって、圧力をかけるものとなる。

そして「世間」は、不祥事や犯罪をおこした個人の責任のみならず、「家」全体の責任を追及しようとする。有地のいうように、この構造は、個人責任・自己責任を基本とする近代法ができたのちも、変わらないでのこったのだ。

家族はつねに「世間」から批判されないように、不祥事がおきたようなときは、ただちに「世間」にたいする謝罪を迫られる。すでに大正時代にこうした責任のとり方がふつうのことになっていたことは、きわめて興味深い。このような家族の縁座・連座的な責任のとり方は、現在でもなお消滅していないからである。いずれにせよここで大事なことは、戦前の「家」制度、戦後の「いえ」の意識のもとにあったニッポンの家族が、「世間」という〈共同幻想〉にとり囲まれ、つねに侵食を受けてきたという事実である。

この国の家族は「世間」の侵食にたいして、個人が存在しないために「愛情原理」で対抗することができない。つまり、〈対幻想〉が脆弱なために、〈共同幻想〉である「世間」に抵抗できない。これは「愛情原理」をもって社会に対抗・対立できる西欧の〈近代家族〉とは、まったく異なる。異なるという点では、現在でも状況はあまり変わらない。

これは家族が、「愛情原理」を生みだす個人から構成されていない、ということでもある。いいかえれば、「世間」に侵食されているために、家族においても、個人の存在を否定する「共通の時間意識」のルールが貫徹しているということである。

阿部謹也は、『世間学への招待』のなかでつぎのようにいう。「日本の場合は親子の絆は永久に続きます」「お母さんが九十歳で息子が七十歳でも、相変わらず息子なのです。七十歳になろうが八十歳になろうが、息子は息子なのです。この関係は、共通の時間意識のなかに世間があるということです」と。

つまり日本の親子は、「世間」の「共通の時間意識」に支配されているために、個人と個人との関係にはならず、親子の関係が永遠に続く。それ故、たとえ子どもが成人に達していても、子どもの不祥事に親が責任を取らなければならなくなるのだ。

望月嵩も、日本の家族においては「家観念」があることによって、個人としての行動が存在しないとして、つぎのようにいう。

家族成員は、独立した個人としての存在とは認められず、常に「○○家」の一員として行動しなければならなかった。言いかえれば、個人としての行動は存在せず、彼の行動は家の成員の行動として意味づけられていたのである。家族成員の誰かが、犯罪や非行を犯したとき、それはその個人の行動としてはとらえられず、彼が属する家の問題としてとらえられ、犯罪を犯さなかった他の家族員も一緒に責任を問われるような状況は、こうした家観念が生み出したものと言えるのではなかろうか。〔中略〕社会的役割としての親役割は、子どもが成人となって独立すれば、終了すべきものであるが、血縁という紐帯を重視した親子関係は、永遠に終了しない関係となるのである。そこには、まさに一心同体的な関係があり、子の罪は親の罪であり、親の恥は子の恥であるという状況が生まれてくるのである。

（「犯罪・非行と家族の紐帯」）

くり返すが、「世間」においては個人が存在しない。そのため望月のいうように、とくに家族のなかでは、家族の構成員は「独立した個人」ではなく、「家の成員」としてしかみなされない。子の罪が、たとえ子どもが二十歳を超えて成人であっても、親の罪とみなされるのは、「世間」にも家族のなかにも個人が存在せず、親子の「一心同体的な関係」が永久に続くからである。

4　定着しなかった〈近代家族〉の理念

「家」制度にもとづく明治民法は第二次世界大戦をへて、一九四七年に廃止された。それにかわって、男女不平等の制度を廃棄し、個人の尊厳と両性の本質的平等をかかげる現在の民法がつくられた。この家族法では、夫婦関係と親子関係を中心とする、〈近代家族〉が理想型として想定された。

落合は、「日本では大正時代、とくに戦間期に都市部の中産階級に近代家族が成立したが、それが大衆のものとなるのは第二次世界大戦後のことであった」という（『近代家族の曲がり角』）。日本における戦後とは、〈近代家族〉の時代のはじまりであると一応いってよい。

興味深い調査報告がある。じつはニッポンでは、一九八〇年代の高度資本主義＝高度消費社会への本格的突入によって、「家族の解体」ということが喧伝されてゆくのだが、〈近代家族〉の最盛期であったと考えられる一九七一年に、東京・文京区で「家庭のイメージ」についての調査がおこなわれた。

その結果が興味深い。夫側は「生活に欠くことのできない便利な場所」、妻側は「夫や子供を憩わせる所」を過半数が選んだ。また「夫婦の愛情を育てる所」（七パーセント以下）や「人間として磨きあえる所」（一四パーセント以下）は、少数であったという。これを分析した桜井陽子／桜井厚は、つぎのようにいう。

この調査結果は、戦後の価値観の変化によって、家庭が夫婦という対関係をもとにした家族成員相互の接触頻度の高い、プライヴェートな領域として成立することが目指されていたにもかかわらず、夫婦ともにプライヴェートな関係を表現する愛情や人間性を家庭に求めているのではないことを物語っている。家庭は「便利な所」や「憩わせる所」という生活の手段であって、生活の目的とは見なされていないのである。西欧近代が育んだロマンティッククラブ・イデオロギーは、核家族という家族形態を同じくしても、家族集団で見るかぎり浸透してないのである。

（『幻想する家族』）

ようするに、夫婦間の関係が「生活の目的」とはみなされず、「便利な場所」「憩わせる所」といったような「生活の手段」とみなされているというのだ。これは、「愛情原理」を中心として構成される〈近代家族〉とは似て非なるものである。

この調査は、四〇年以上前のものであり、現在同じ調査をやったらべつの答えになるとの反論があるかもしれない。

しかし、ここで触れることはできないが、その後一九八〇年代以降の高度資本主義＝高度消費社会の成立によって、「市場原理＝競争原理」が家族の「愛情原理」を侵食する「家族の解体」がおきたことを考えれば、この調査が〈近代家族〉の最盛期におこなわれたことの意味は重要である（詳細については、私の『大人の〈責任〉、子どもの〈責任〉』『なぜ日本人は世間と寝たがるのか』を読んでほしい）。

すなわち、〈近代家族〉が定着したはずの時代の家族像において、夫婦間の〈対幻想〉がきわめて脆弱なために、家族は「生活の目的」ではなく、たんに「便利な場所」にすぎないのだ。

桜井／桜井はさらに、「妻のいう『いい夫』とは、妻子のために一所懸命働く、頼めば家事をやる、給料をちゃんと運ぶ、子供にやさしい等々というところに落ち着くようである。ここには妻と夫、つまり女と男という直接的な対関係を云々する発想はなく、家族という共同幻想を支える構成員としてのイメージが支配的である」という（『幻想する家族』）。

これは現在でも、たとえば過労死した夫の労災認定を訴えて、記者会見で妻が語るような場合のことを考えればわかる。こうしたときに、「家族思いのいい夫だった」とか「子ども思いのいい父親だった」というういい方がしばしばなされる。しかし、「自分を愛してくれたいい夫だった」といういい方をすることは稀である。

これはニッポンの家族の基本が、家族集団といういわば〈共同幻想〉にあることを物語っている。ようするにこれは、〈対幻想〉を本質とする〈近代家族〉とは似て非なるものである。

もう一つ興味深い調査結果をあげておこう。夫婦がお互いを呼び合うときの、呼称の問題である。二〇一一年にリクルート・ブライダル総研が、「普段の配偶者の呼び方」について、一千人を対象に実施したインターネット調査の結果は、以下のようなものであったという。

男女とも「名前・名前にちなんだニックネーム」が50％近くで1位。男性は2位「お母さん・ママなど」（31・2％）、3位「おい・ねえ」（9・0％）と続く。女性は「お父さん・パパなど」（37・6％）、「名前以外のニックネーム」（5・8％）となった。

男女とも、若い年代ほど「名前など」が多い。女性では年代が高くなると「お父さんなど」が増えるが、男性は「お母さんなど」は40代がピークを迎え、50代以上は「おい・ねえ」が増える。

（「朝日新聞」二〇一九年七月十三日）

ここで驚くのは、配偶者を「お母さん・ママなど」や「お父さん・パパなど」と呼び合うカップルが三割〜四割ぐらいいることだ。おそらく結婚当初よりそう呼ぶ夫婦はいない。若い世代は「名前」や「ニックネーム」で呼ぶことが多い。ところが、とくに家族のなかで子どもができたような場合に、それまでの呼び方が「お父さん・パパなど」に変わるようだ。

ある女性（47）は、妊娠してしてから突然夫（46）に、それまでの「あっこちゃん」から「お母さん」と呼ばれるようになった。彼女は「そう呼ばれると一気に30歳ぐらい年を取った感じになります」（同右）と語っている。これはなんら珍しい光景ではない。

外国人は、ニッポンの夫婦が「パパ」「ママ」などと呼び合っているのを見ると、異様にみえるらしい。それはそうだ。夫や妻をそのように呼ぶことは、お互いを一個の人格や個人としてではなく、家族のなかの役割や身分としてしか認識していないことを意味するからである。

これは、家族が愛情原理を中心とした〈対幻想〉から構成されるのではなく、〈共同幻想〉という集団としてとらえられ、そこで重要なのは、独立した個人ではなく、家族のなかでの役割や身分だと考えられているからである。これでは〈近代家族〉とはいえない。

いったいなぜ、ヨーロッパ生まれの〈近代家族〉が定着しなかったのか。前にのべたように、「家」とは家族にとって、「世間」の出先機関のようなものであり、これが「世間」の家族への介入を可能とした。戦後、法制度としての「家」は消滅したが、じつは「世間」の出先機関としての「いえ」の意識は、家族のなかに内面化されてのこってきたからである。

また西欧においては、プライベートとしての家族とパブリックとしての社会が分離された。これが〈近代家族〉の特徴としての、私的領域と公的領域の分離である。

ところがニッポンの場合、公に属する国や企業が、私に属するはずの家族の原理で運用されてきたために、公＝国・企業と私＝家族の分離があいまいなままとなった。国民が天皇の赤子であったり、社長が従業員の親となる経営家族主義と呼ばれるものがそうである。

とくに経営家族主義は、年功序列制と終身雇用制にもとづく日本型雇用制度から生みだされたものであり、持ち家制度や社員旅行などの社内福利厚生の充実によって、会社が社員の生活全般を丸抱えするものである。

ここでは、社長が、結婚記念日に社員の妻に花束を贈ったりというように、社員のプライベートな領域に会社が介入するというかたちで、公私の分離があいまいなものとなっている。また、社員は休日に会社の取引先との接待ゴルフに駆りだされる。これは、社員にとって公としての仕事なのか、私としての趣味や娯楽なのか、きわめてあいまいなままなのだ。

桜井／桜井は、このニッポンにおける「公」と「私」の構造について、興味深いことをのべている。

共同体に代わって近代が用意した企業社会は、家族のなかの夫という企業戦士をその構成員として依拠させるだけでなく、夫を通してその家族をも取り込む構造をもつ。それが日本における「公」と「私」との関係であった。夫は企業の「公」に対して、妻はより下位の家族の「公」に対して、それぞれ「私」の立場で貢献するのである。これが日本の産業化における企業と家族の相互的な関係の原点であった。（『幻想する家族』）

戦前の天皇制ファシズム体制のもとでは、国という「公」にたいして、「私」としての国民が滅私奉公を強いられた。戦後、国にとってかわったのは企業や会社であり、「公」としての企業や会社に、「私」としての家族が滅私奉公する構造が生まれる。さらには、この「公」である家族にたいして、「私」であるその構成員が滅私奉公する。

桜井／桜井によれば、夫は家族の代表者として、企業や会社にたいして私を捨てて奉公す

国（公）――（私）「世間」（公）――（私）家族（公）――（私）家族構成員

る。妻は、家族の代表者として家族に私を捨てて奉公することになる。ここでいう企業や会社は一つの「世間」といってよいから、国、「世間」、家族、家族構成員の間の滅私奉公の構造は、上のようになる。

戦前とは異なり、戦後は相対的に国のチカラは弱まっているから、ここで問題になるのは、「世間」と家族と家族構成員である。「世間」は、「世間」のソトにたいしては、ウチとしての「私」となるが、ウチに存在する構成員にとっては「公」となる。ニッポンの家族はこれと同じ構造をもっていて、家族は、ソトにある「世間」にたいしては「私」であるが、ウチに存在する個々の家族構成員にとっては「公」となる。

つまりここには、「世間」が生みだす滅私奉公の構造が、そのまま家族内部にもちこまれている。さきほど例としてあげた「家族思いのいい夫だった」という言葉は、「公としての家族に滅私奉公してくれたいい夫だった」と考えなければならない。

「家」制度が廃止された戦後においても、「公」としての「世間」は、「いえ」という出先機関をつうじて、「私」としての家族を支配している。この支配を容易にしているのが、日本の家族における「公」と「私」の独特の関係である。これは、私的領域たる家族と、公的領域たる社会の徹底した分離を前提とする〈近代家族〉

とは、まったく別物である。

以上のようにこの国では、「共通の時間意識」のルールがあるために、家族構成員は個人ではありえず、親と子は、「世間」にたいして共同責任としての縁座・連座責任を負う。構成員は「家」の一員として一体とみなされるために、家族と「世間」が対立できない。

つまり、「親（家）は責任を取れ」という「世間」からの非難に対抗できず、親が子どもを守ることができない。加害者家族へのバッシングがおこりやすい構造がここにある。

ところで望月嵩は、犯罪と家族問題を考える上で、それまで考えられてきたような「犯罪の原因としての家族」「更生の場としての家族」という視点の他に、「犯罪者が出たことによって、その家族全体もまた犯罪者であるかのように非難・攻撃される」という「被害者としての家族」の視点が必要だという（「犯罪者とその家族へのアプローチ」）。

この望月の議論をふまえて、深谷裕は「これら3つの家族観を止揚し、家族一人一人を中心に据えた、『権利主体としての家族』について議論を深めてゆく姿勢」が必要だという（「日本における犯罪加害者家族支援の必要性と可能性」）。この家族を「権利主体としての家族」と考えてゆくという視点は、きわめて重要である。

家族が「権利主体」となるためには、それが個人から構成される必要がある。もともと権利と個人は一体のものだからである。しかし、〈近代家族〉は個人から構成されているが、ニッポンの家族には個人がいない。

だから、家族が「世間」という〈共同幻想〉に対決できるようになるためには、家族が〈対幻想〉を中心とする〈近代家族〉として再構築される必要がある。いいかえれば、家族構成員が、「家の成員」ではなく「独立した個人」に変わる必要がある。

この意味で、二〇一六年七月に東北弁護士会連合会が定期大会で「犯罪加害者家族に対する支援を求める決議」を採択したことは、時代を画するような大きな出来事であった。

そこには、「ここでいう犯罪加害者家族は、家族の構成員である『個人』であり、個人の尊厳が脅かされている存在として、憲法第13条、第25条に基づき、国に対して主体的に支援を受ける権利を有していることは犯罪被害者と同様である」とある。

じつはこれは、「はじめに」でのべたような、一八年の相談窓口の設置など山形県弁護士会の支援活動のきっかけとなった決議である。ニッポンの加害者家族の支援を考える上で、おそらくこれは、歴史上初めてなされた公的機関による決議である。同時に、individualとしての個人の重要性を強調している点で、きわめて画期的であったといってよい。

5　欧米とこの国、加害者家族支援のちがい

もちろん海外でも、ニッポンのようなひどいバッシングはないものの、加害者家族は社会から攻撃の対象になったり、差別され、白い目で見られたりするようなことはある。また貧

困や再犯の問題も深刻である。そのため、とくに欧米では、加害者家族支援のために数多くの民間組織が存在し、活発に活動している。

たとえばイギリスでは、マンチェスターを拠点とする「ＰＯＰＳ（受刑者とその家族のパートナー）」がある。これは、ファリダ・アンダーソンによって、一九八八年に設立された団体である。この組織は、イギリス全土の加害者家族の情報をもっており、逮捕から服役を終えて刑務所を出所するまで、以下のような加害者家族への包括的な支援をおこなっている。

- 逮捕者が出た段階で、警察が加害者家族に対してＰＯＰＳの情報を知らせる
- 裁判所への付き添い
- 裁判におけるさまざまなアドバイス
- 電話や面接による相談の受付
- 刑務所への付き添い
- 出所後や保護観察中における家族への助言

（『加害者家族』）

つまりこの組織の活動は、逮捕され、起訴されて裁判になり、有罪判決を受けて服役し、刑務所を出所するという一連の刑事司法プロセスに関わり、加害者家族が直面するであろうほとんどの問題をカバーしている。

一方この国では、支援のための民間組織は、二〇〇八年に仙台で設立された「WOH（ワールド・オープン・ハート）」を含め、一九年段階で全国にわずか二つしかない。そのWOHを設立した阿部恭子は、一二年にアメリカ・テキサス州で開催された「全米加害者家族学会」の参加者の様子に、会場でカルチャーショックを受けたという。

この学会の参加者は、身内が刑務所に収監されている加害者家族と、支援活動をおこなっている団体のメンバーや研究者である。

参加者の中には、重罪犯や死刑囚の家族もいるが、それを公にしたうえで、活動をしている人がほとんどであった。

会場に入った瞬間の和やかな雰囲気には、カルチャーショックを受けた。参加者同士、携帯などで写真を取り合い、即座にフェイスブックに写真を投稿していたからである。

参加者の何人かに、活動に対する抗議はないのかと質問したところ、そのような経験はほとんどなく、むしろ社会が加害者家族に無関心であることが問題だと語っていた。

（『息子が人を殺しました』）

阿部が会場の光景にショックを受けたのは、この国で加害者家族が集まる会は、当事者以外には知らせず完全に非公開であり、「初めての参加者は帽子をかぶったりマスクをして会場を訪れ、緊張が解けるまでには時間を要する」（同右）という状況だからである。集会が公開され、会場で写真を撮り合ったり、それをフェイスブックに投稿するなど、ニッポンではまずありえない。ましてや、加害者家族であることを公にして活動するなど、ゼッタイにありえない。これが「世間」に知れれば、そのこと自体が、ひどいバッシングの対象となるからである。

げんに阿部は、講演活動をおこなうなかで、団体の活動を紹介するブログに、うっかり「支援者」いう言葉を抜かし、「加害者家族による講演」と書いたことがあったそうだ。すると、「加害者家族の分際で講演とは何事だ！　加害者家族がすべきは謝罪だ」「加害者家族の講演など必要ない。一生、謝り続けろ！」といった電話や投書が殺到したという。

この背景にあるのは、阿部のいうように、「加害者家族には何かを主張する権利など一切ないという考え方」（同右）である。先述のように、もともとrightの翻訳語である権利などというものは、外部である西欧からつけ加わったものにすぎず、この国の「世間」ではそんなものは通用しない、ということだ。

なぜかといえば、rightの翻訳語である権利は社会に属する概念だが、それはニッポンではタテマエにすぎず、「世間」のホンネのところでは、権利などだれも信じていないからである。概して信じられていないから、ましてや、加害者家族に「何かを主張する権利」があるなどとはだれも思わない。

また、ここが大事なポイントなのでくり返すが、西欧社会においては、〈対幻想〉(愛情原理)と〈共同幻想〉(競争原理)を明確に分離する〈近代家族〉が前提となっているので、家族は堂々、社会と対立することができる。たとえ犯罪をおかしたとしても、家族を守るのが当然だと考えられる。

一方ニッポンでは、〈近代家族〉が未成熟なため、家族は「世間」と対立することができず、加害者家族は自分の家族を守ることができない。それ故、「親(家)は責任を取れ」という「世間」の非難に対抗することができない。

それが、加害者家族支援における欧米とニッポンのちがいに、はっきりとあらわれている。すなわち、アメリカでは参加者が集会の様子をフェイスブックに投稿していた。ところがこの国では、集会は完全に非公開にせざるをえない。この彼我のちがいは決定的である。

さらには、海外で支援組織の立ち上げや運営が容易なのは、ニッポンと異なり、寄付が集まるからである。どういうことか?

先にみたように、西欧では、現在ニッポンの「世間」にあるような「贈与・互酬の関係」が、キリスト教の浸透とともに否定されるという「贈与慣行の転換」がおこなわれた。その結果、現世の贈与慣行が否定され、そのかわり教会への大規模な寄進によって、来世に救われる(天国に行けまっせ)と考えられるようになった。

じつはこの教会への寄進が、現世での「見返り」を求めない「無償の贈与」となり、これが「キリスト教的愛他主義」として、博物館や美術館など公的施設や慈善団体などへの寄付として定着していったのだ。

たとえばマイクロソフトのビル・ゲイツ元会長とその妻メリンダさんは、二〇〇〇年に「ビル＆メリンダ・ゲイツ財団」を創設した。これは世界最大の慈善基金団体であり、病気や貧困への挑戦を目的とし、世界中にさまざまなプログラムを提供している。

こういう話はこの国ではほとんど聞かない。内閣府・税制調査会の資料によれば、二〇〇二年に個人が寄付した額は、アメリカが約二二兆九千億円にたいして、ニッポンは約二一八九億円と、約一〇〇倍の差がある。

ニッポンで寄付文化が根付かないのは、寄付に莫大な税金がかかるという税制上の問題もある。しかしそれ以上に、その根底にあるのは、「世間」に「贈与・互酬の関係」のルールがあるために、寄付のような、「見返り」のない「無償の贈与」が成立しにくいからだ。

以上のように、加害者家族支援組織が活発に活動できるためには、恒常的な寄付が必須だが、ニッポンでなかなかそれが広がらないのは、「世間」にある「贈与・互酬の関係」という固有のルールのためである。つまりルール自体を変えてゆかない限り、根本的な解決は難しいということだ。

第三章　安全・安心の国ニッポン——同調圧力のつよさとケガレ

ニッポンは世界に冠たる安全・安心の国である。第三章では、きわめて逆説的であるが、この国の圧倒的な治安のよさの根底にある、犯罪を抑止する「世間」の同調圧力のつよさが、じつは加害者家族バッシングの背景になっていることを考えてみたい。

1　「法のルール」を陵駕する「世間のルール」

二〇一一年三月に東日本大震災がおきたときに、被災者が避難所で冷静に整然と行動していたことについて、現地を取材した海外のメディアから、「ニッポンではこうしたときに略奪も暴動もおこらない」と絶賛された。

ニッポン人の感覚からいえば、こうした非常時に略奪や暴動をおこすこと自体が、思いも及ばないことである。海外メディアからの絶賛にとまどった人もいたと思う。ところが海外では、地震や台風などの自然災害がおきた場合、頻繁にそうしたことがおきる。たとえばアメリカでは、災害時にスーパー・マーケットなどで商品が略奪されることが珍しくない。〇五年にハリケーン・カトリーナがニューオーリンズを襲ったさいに、警官までもが略奪に参加するという事件がおきたという。アメリカは深刻な人種問題を抱えているが、人種差別をめぐる暴動も珍しくない。

海外と比較した場合、ニッポンは圧倒的に治安がよく、信じられないほど安全な国である。私も海外に行くことがあるが、欧米でもアジアでも、たいていどこの都市を訪ねても、観光客が行って安全な場所と危険な場所があり、独特の緊張を強いられる。こんなことは、この国のどこの都市に行ってもまずありえない。

また東京をはじめとして、ニッポンではどこの都市でも、夜中に女性が一人歩きをしてもそう危険を感じないで済む。しかしこれは、世界のどこの都市でも、夜中の女性の一人歩きは、きわめて危険な行為である。

「リュックの前持ち」だってそうだ。私は大きなお世話だと思っているが、最近は鉄道各社で、混み合っているときに「他人の迷惑にならないように」というマナーとして、しきりにキャンペーンがおこなわれている。

しかしあれは、海外ではじまりこの国に輸入された習慣だが、もともと後ろに背負うと目が届かず盗難にあうからという、明らかに防犯対策の意味があったのだ。ニッポンでそう考える必要がなく、「マナー」みたいな妙な話になっているのは、街での窃盗事件が海外に比べるときわめて少ないからだ。

あるいは、日本ではふつうの道端に堂々とならぶ自動販売機。海外ではまずありえない。あったとしても安全な屋内が多い。なぜか。海外ではあれはおカネとみなされ、壊されておカネが奪われるからである。

私は友人のオーストラリア人に「ウチの国ではこうだぜ」と、スマホの写真を見せてもらったことがあるが、室内にある自動販売機が鉄の檻に入っていた。つまり絶対に壊せないようになっていた。

犯罪率の国際比較はなかなか難しいのだが、だいたいの傾向を知るために、ここで比較的暗数が少ないといわれる各国の殺人の発生率をみておこう。

二〇一六年のＵＮＯＤＣ（国連薬物犯罪事務所）の統計によれば、人口一〇万人あたりの殺人件数は、日本が〇・二八件。世界一多いのは、エルサルバドルの八二・八四件。じつに日本の約二九二倍である。それほどではないが、銃社会のアメリカもけっこう多く、五・三五件で日本のなんと約一九倍である。

ヨーロッパの主要国をあげておくと、ベルギーが一・九五件、イギリスが一・二〇件、フランスが一・三五件、ドイツが一・一八件、イタリアが〇・六七件、スペインが〇・六三件、ノルウェーが〇・五一件。おおむねニッポンの二倍～四倍である。

アジアでは、お隣の韓国が〇・七件、台湾が〇・八二件、中国が〇・六二件で、これもおおむね二〜三倍で低くはない。

ニッポンで殺人事件は、それが「世間」を騒がせるような大事件であればあるほど、メディアで集中豪雨的に報道されることが多いので、最近は殺人事件が増えているように思っている人が多いかもしれない。

ところが意外に思われるかもしれないが、戦後の一〇万人あたりの殺人の認知件数（犯罪率）をみると、二〇一六年時点では、もっとも多かった一九五〇年代の約1／5ぐらいである。じつは殺人の犯罪率は、戦後一貫して減ってきているのだ。

べつな数字もあげておこう。「人口動態調査」の「加害に基づく傷害および死亡人員」、つまり殺人で殺された人数を見ると、戦後ピークだった一九五四年が一九三二人。ところが二〇一六年では、二九〇人と大幅に減少する。これだと1／6ぐらいになる。

減っている理由ははっきりしないが、理由の一つとして、少子高齢化の進展をいう説がある。じつは一般的な犯罪の過半数以上は三十歳未満の若者によるもので、だいたい就職や結婚などをきっかけに、歳をとってゆくと犯罪をおこさなくなる。現在進行中の少子高齢化においては、若者がどんどん減っているわけだから、全体として犯罪は減少するというものだ。

いずれにせよ歴史的にみると、戦後は全体として犯罪、とくに殺人のような凶悪犯罪は、年によって多少のデコボコはあるが、ほぼ一貫して減少している。すなわち、ニッポンで現代という時代は、もっとも殺人事件が少なく、もっとも治安がよく、もっとも安全な時代であるといってよいのだ。

ちなみに二〇一九年上半期をみると、殺人だけでなく刑法犯全体も戦後最小となっている。ニュース記事を引用しておこう。

今年上半期(1~6月)に全国の警察が認知した刑法犯が昨年同期比3万4581件(8・7パーセント)減の36万3846件だったことが18日、警察庁のまとめ(暫定値)で分かった。年間で戦後最少を更新した昨年をさらに下回るペースとなっている。同庁の担当者は「官民一体となった犯罪対策の効果に加え、防犯カメラの普及なども影響しているのではないか」と分析している。

罪種別では、認知件数全体の7割以上を占める窃盗が昨年同期比9・1%減少したほか、詐欺が14・8パーセント減った。重大犯罪では強盗や放火などが減少した一方、殺人や強制性交などは増えた。

(「時事通信社」電子版、二〇一九年七月十八日)

ただ少し気になるのは、ニッポンの殺人事件の特徴として、全体の五五パーセント(二〇一六年)が、つまり半分以上が親族間でおきていることだ。しかもこの割合は、最近増加傾向にある。

これは国際的にみてもかなり多い。少し前の統計だが、一九八三年の『犯罪白書』によれば、ニッポンの四一・三パーセントにたいして、アメリカは一六・九パーセント、イギリスが三八・五パーセント、ドイツは二四・二パーセントである。

この国では親族内殺人といえる、一家心中や親子心中事件がきわめて多い。私はこれは、家族の関係が個人と個人の関係ではない、つまり〈近代家族〉になっていないことと深く関わっていると思う。この点は、次章で詳しく考えてみたい。

このようにニッポンは、西欧や他のアジアの国と比較しても、犯罪率が圧倒的に低くきわめて安全な国である。もちろん犯罪率が低く安全にすごせることは、悪いことではない。ニッポンはその点では、世界に誇ってよい。

しかし、ここでよく考えておかなければならないのは、次章で触れるが、ニッポンにおける自殺率の高さである。これは先進工業国中最悪レベルである。つまり他人に危害を加えることは圧倒的に少ないが、そのかわり自分にたいして危害を加えるのがニッポンなのだ。これは、自殺率はこの国より低いが、殺人率は一九倍というアメリカとは、真逆のあり方である。

なぜ、ニッポンはこんなにも犯罪率が低いのか。これにたいしては、海外にはない交番などをもつこの国の警察活動が、住民に密着しその支持を受けることで、きわめてうまく機能しているからだ、という説がある。つまり、警察活動の活発さが犯罪の抑止力となっている。

また、取り調べから判決までの刑事司法プロセスでは、犯罪者にたいして真摯な謝罪と反省をもとめ、微罪処分や起訴猶予処分など、正規の処罰を回避するさまざまなダイバージョン（代替措置）を用意している。これをニッポンに独特の「ゆるし」という人もいるが、この司法制度がうまく機能しているからだ、という説もある。

さらに、次章で詳しくのべるが、アメリカの一部の州を除く先進工業国ではすでに停止・廃止した死刑制度を、連綿と存置し続けているからだという人もいる。つまり、死刑制度が犯罪を抑止する機能を果たしている。

たしかにそうかもしれない。しかし私は、海外と比較したニッポンの犯罪率の低さは、こうした法制度的な側面からだけでは説明できないと思っている。それは端的にいって、海外には存在しない「世間」がこの国にあるからである。

東日本大震災のさいに略奪も暴動もおきなかったのは、もともとニッポン人が「世間」のさまざまなルールに縛られていて、「法のルール」が機能しなくなっても、法に反するような行為が抑止されるからである。

海外、とくに西欧社会は「法のルール」から構成されているが、「世間」がないために、当然のことながらニッポンにあるような細々とした「世間のルール」は存在しない。それ故、災害などで警察が機能しなくなり、「法のルール」が崩壊すると、ただちに略奪や暴動に結びつきやすい。

イギリスのザ・タイムスの東京支局長であるリチャード・ロイド・パリスは、災害時のニッポン人とイギリス人の考え方や行動のちがいについて、つぎのように語っている。

「日本には十六年間住んでいますが、また新しい日本の魅力を発見した気分です。なぜ彼らは災害時でも寛容で、冷静なのか。イギリス人なら、窃盗はするだろうし、ケンカもする。なのに、日本人はこの悲惨な状況に必死で耐えている」［中略］

「なぜもっと要求すべきことを要求しないのか。なぜ忍耐強くいられるのかと尋ねたとき、彼らは『仕方がない』と口々に言いました。この言葉は普段聞くと、諦めのようなニュアンスがありますが、しかし彼らは希望をもってこの言葉を使っていたように思います」［中略］

「避難所では皆ギリギリの生活をしている。被災者は皆頑張っているというのに（物資もロクに届けられないとは）政府はなにをしているのか、と思うときがあった。被災地の人はもっと声を上げて叫ぶべきではないか。これがイギリス人だったら、政府の注意を引くためにもっと暴れていると思います。ここにも日本人の『仕方がない』精神が表れている気がしますね」

（「週刊現代」二〇一一年四月九日号）

パリスは、イギリス人だったら、窃盗はするだろうし、政府の注意をひくためにもっと暴れているという。ところがニッポン人は、避難所で寛容をもって冷静に行動している。どんなに避難所が過酷な状況でも、政府にたいして声をあげることもなく、悲惨な状況にじっと耐えている。

こんなときにいつも発せられる言葉が「しかたがない」である。パリスはこれが被災地で「希望をもって」つかわれていたという。しかし、私はこの言葉は「世間」に特有の言葉だと思っている。

この国では、自然災害に遭遇したようなときに、いつも呪文のようにこの言葉がつぶやかれ、一切は諦めのなかに流しこまれる。一切の抵抗が無力化させられ、秩序に回帰させられる。

「世間」には「共通の時間意識」があるために、「みんな同じ」という同調圧力のなかに置かれる。避難所で「みんな同じ」ような悲惨な状態に置かれた場合、「他の人も同じ」なのだから、自分がこういう状況であっても「しかたがない」と考えて諦める。「しかたがない」が「世間のルール」として作動している。だから、この国では略奪も暴動もおこりようがないのだ。

この「しかたがない」は自然災害にかぎらない。人為的な歴史的事件である戦争とか原発事故のような場合にも、あたかもそれが台風のような自然災害であるかのように頻繁につかわれる。この国では「人災」も「天災」のように、遠くからやってくる「厄災」のように考えられる。これは、「呪術性」のルールがあるからだ。実際に大震災のときの原発事故においても、これまでの政権の原発政策の誤りの結果であるにもかかわらず、「しかたがない」の一言が責任追及を無効にする役割を果たすことになる。

ところがイギリス人にとっては、「世間」は存在せず社会しかないので、行動原理は「個人の時間意識」、つまりバラバラの個人による独自の判断になる。あくまでも行動の基準はまわりの「世間」ではなく、一人ひとりの個人のあり方次第となる。

だから、声をあげ暴れることが可能なのだ。「法のルール」が崩壊したとき、「世間のルール」が存在しないために、ただちに略奪や暴動に結びつきやすいのは、そのためである。

なぜ、略奪も暴動もおこさないニッポン人は、これほどまでに忍耐強いのか。小宮信夫が興味深いことをいっている。日本と西欧では、逸脱とみなされるレベルがちがうというのだ。

高度な自己規制をする日本人は、ちょっとしたルールにさえ順応する傾向があるために、西欧においてはノーマルなものとみなされる行為でも、日本においては逸脱だとみなされる傾向がある。それゆえ日本では、西欧人にとっても日本人にとっても逸脱とみなされる行為は、初期の段階でつよく抑止される。端的にいえば、ウチ世界は、些細な犯罪であっても、それが大事にいたる前に抑止するということだ。

（「日本の犯罪率の低さに関する文化的研究」）

冒頭の「高度な自己規制」については、第四章で触れる。ここで小宮のいう「ウチ世界」が「世間」のことである。「世間」がきわめて巨大な同調圧力を発揮するために、「世間のルール」に反する行為はあらかじめ抑止される。ましてや法に違反する犯罪行為は、はるかにつよく抑止される。

西欧では逸脱とみなされないような些細な行為であっても、ニッポンでは「世間のルール」に反する逸脱行為として、やっちゃいけない「悪」だとみなされる。そのためニッポンでは、「法のルール」に反するような違法行為や犯罪行為は、「世間のルール」に反する行為であるのは当然として、西欧では考えられないほどの「極悪非道の行為」として「世間」から非難され、「世間」から排除されることになる。

前にのべたように、じつはニッポン人がもっとも恐れているのは、自分が所属する「世間」から排除されることである。なぜなら、「世間を離れては生きてゆけない」と信じているからである。

西欧では「世間」がないために、「社会を離れては生きてゆけない」とはけっして考えない。社会は「世間」のような細かいルールではなく、「法のルール」によって動いているからだ。だから西欧の人間にとっては、自分の行為が「法のルール」に反するかどうかだけを考えればよい。

ところがこの国では「世間のルール」に反することすら、とんでもない逸脱行為として非難される。ましてや「法のルール」に反する犯罪行為は、「世間のルール」に反し、さらには「法のルール」に反するという、二重に非難される逸脱行為となる。

一般に、ニッポンにおける加害者家族への責任非難の度合いが、西欧社会に比べて極端に大きいのは、この二重性のためである。西欧においては「法のルール」に反するにすぎない行為が、同時に「世間のルール」に反するとしてつよく非難されるからである。

だからニッポンでは、その行為が「法のルール」に反するかどうかを考える前に、まずもって、「世間のルール」に反しないかどうかを考えなければならない。その結果、この二重性こそが、犯罪を抑止する大きなチカラとなっているのだ。

2　ニッポンの防犯のメカニズム

「世間」の存在は、犯罪を抑止するチカラをもつ。この点で、河合幹雄が「世間がもつ防犯のメカニズム」について、面白いことをいっている。

日本社会は、家屋の塀は低く、戸締りも厳重ではない。基本的に、犯罪を実行される場面での防犯という意味では、諸外国と比較すれば無防備といってもよい。ところが、盗むのが容易でも、じつは盗んだものを使えない。［中略］日本の警察の検挙率は極めて高い。方法は簡単であって、最近その近辺で金遣いが荒くなった人物を探して、「オマエダロ」とやるわけである。世間は、だれかが人知れず金持ちになることを許してくれない。プライバシーが十分に尊重されない日本社会では、だれがどの程度の収入があるかは隠せないのである。したがって、密かに泥棒に成功しても、世間のなかでは使えない。これでは泥棒はできない。

このように、世間の力と警察力が連携することによって、諸外国とは桁違いに犯罪の少ない社会が保たれている。

（『終身刑の死角』）

海外に行くと、部屋の入り口のドアに二つも三つも鍵をつけているのをよくみるが、ニッポンではまずみない。いまでも田舎にゆくと、鍵をかけない家だって珍しくない。たしかに無防備だといえば、メチャクチャ無防備だといってよい。

それでも犯罪が少ないのは、「世間」がいわば相互監視社会となっているからだ。警察は、世界に冠たる「交番」などを通じて、この「世間」のチカラを巧妙に利用している。河合のいうように「盗んだものを使えない」のは、「世間」が金持ちをほっておかないからだ。

その根底にあるのは、「世間」の「共通の時間意識」のルールである。この意識のもとには「人間平等主義」があり、「みんな同じ」つまり「平等」だと思っているので、お隣の人間が理由もなくいきなり金持ちになることを許さないからである。

この「人間平等主義」があるために、海外にはないような独特の「ねたみ・そねみ・ひがみ・やっかみ」意識が生まれる。しかしアメリカあたりだと、宝くじの高額当選者は堂々、実名・顔だしでメディアの取材に答えている。彼らは、ねたまれることはないのか？

たとえば、二〇一九年三月に興味深いニュースがあった。記事を引用しておこう。

米ニュージャージー州で宝くじに大当たりして2億7300万ドル（約304億円）をゲットしたマイケル・ウィアースキーさん（54）は昨年10月、前妻と離婚。彼女に宝くじの分け前を支払うべきか否かが米国で議論が沸騰している。

マイケルさんは結婚している間は主夫で、15年間、仕事をしていなかった。1年ほど前から、さまざまな仕事に応募したが、ことごとくダメ。面接にもたどり着けなかったという。

前妻のアイリーン・マーレイさん（53）は、公益事業会社でコストアナリストとして働き、15年間、家計を支えてきた。また、離婚裁判で定められた扶養手当を今も支払っているという。2人の間に子供はいない。

アイリーンさんは、突然、大金持ちになった前夫に電話をかけ、「法廷に引き出す」と言ったというが……。

（『日刊ゲンダイ』電子版、二〇一九年三月十日）

どうやらアメリカでは、ねたまれることはないらしい。ただしこの件では、夫が得た高額の当選金を、前年に別れた妻にわけるべきかどうかで論争になった。これが問題になったのは、別れるまでの夫の生活を妻が支えていたからである。当選金の額たるや、なんと三〇四億円。驚くことに、夫のマイケルさんも、堂々テレビなどのメディアに実名・顔出しで出ていて、この記事のなかでも本人の写真が掲載されている。

ニッポンでこうした光景に出会うことはまずない。なぜなら、高額当選者であることがわかれば、自分の所属する「世間」から徹底的にねたまれることは、明らかだからだ。当選したことを「世間」に知られれば、しつこく借金を申し込まれたり、「奢れよ」とタカられたり、人間関係が決定的にまずくなる可能性がある。

お隣の人間がいきなり金持ちになった場合、それは能力や才能の差によるものではなく、自分はただ運が悪かっただけだと考え、「なんであいつだけが」となるのがこの国なのだ。社会から構成されるアメリカでそうならないのは、「世間」が存在せず、ニッポンにあるような「人間平等主義」という、ややこしい「世間のルール」を気にする必要がないからだ。

おカネを盗めても自由に使えない。この事実が、ニッポンでは犯罪抑止力になっていることはたしかである。その根底には「世間」の「ねたみ」意識がある。

このように圧倒的に犯罪率が低いために、犯罪自体はご近所ではめったにおきないような珍しい事柄となる。だから犯罪行為にたいする責任非難の度合いが、犯罪率が高い西欧と比較するときわめてつよい。これも「世間」の加害者家族への過剰なバッシングにつながっているのだ。さらに、アメリカとこの国の検察制度を比較検討したD・T・ジョンソンは、アメリカでは犯罪はたんに法律に違反する行為にすぎないが、ニッポンでは被害者、人間関係、および地域社会を害する共同体棄損行為とみなされると指摘する。

そして、ニッポンと比べてアメリカの犯罪者は、改悛の情を示すことが少ないと、つぎのようにいう。

それどころか、彼女（引用者注―カリフォルニア州の検察官）の説明によれば、アメリカの被疑者や犯罪者は、検察官や裁判官に向かって卑猥な言葉を喚いたり、短パンに野球帽、その上「くたばれ警察」（fuck the police）などと描いてあるTシャツを着て法廷にやってくる、「この連中は更生なんかしたくないのよ」と彼女は大声でいった。日米両国で法廷に30分も座っていれば、被告人の態度が極端に違うことがよく分かる。日本の被告人は一貫して礼儀正しく、恭しく、また敬意に満ちた態度を示すのに対し、アメリカの被告人は常に「挑戦的な個人主義をむき出しにして、権威や権力に真っ向から立ち向かい、そこには恭順、恐れ、あるいは反省などはほとんど見られない」。

（『アメリカ人のみた日本の検察制度』）

アメリカでは、犯罪はたんに法律に違反する行為にすぎない。つまり、「くたばれ警察」のTシャツで法廷に出ていっても問題ない。ところがニッポンでは、犯罪は共同体の秩序を壊す行為となる。「世間」の共同感情を害し、人々を不安に陥れる行為となる。取り調べでも法廷でも、「世間」の共同感情を害したことにたいする謝罪が必要となる。

だからニッポンの裁判では、「世間」への「真摯な反省と謝罪」が基本で、被告の「くたばれ警察」のTシャツはゼッタイにありえない。ウソでもいいから少なくとも表面上は、「礼儀正しく、恭しく、また敬意に満ちた態度」を示さなければならない。そうでないと、「反省していない」として判決で量刑が重くなることになる。

アメリカでこれが可能なのは、犯罪がたんなる法に違反した行為とみなされ、ニッポンほど反省や謝罪が量刑の基準とはならないからだ。だがこの国では、被疑者や被告人の「真摯な反省や謝罪」があって初めて、「ゆるし」が発動され、不起訴処分や微罪処分などのダイバージョンが発動されたり、量刑が軽くなったりする。

二〇一九年にカルロス・ゴーン日産自動車前会長の勾留の長期化で、この国の「人質司法」が海外のメディアから批判され、国際的な問題となった。自分の罪を認め、反省していないと、逮捕後の勾留が長引き、なかなか保釈してもらえない。これも、「世間」では犯罪がたんなる法に違反した行為とはみなされていないことを示している。

このように西欧社会では、犯罪はたんに法に反する違法行為にすぎないが、ニッポンでは「世間」という共同体の秩序を毀損する行為とみなされる。つまり、人々の共同感情を害し、人々を不安におとしいれる行為とみなされる。

なぜそうなるのかといえば、すでにのべたように、基本的に社会は「法のルール」で構成されている。社会においては、シンプルに「法のルール」に反する行為が犯罪なのだ。ところが、ニッポンでは社会と「世間」の二重構造があるために、それだけではなく、犯罪は共同体の秩序である「世間のルール」を害する行為となるからである。

もちろんこの国でも、犯罪は「法のルール」に反する行為ではある。しかし、それがつよく非難されるのは、司法の手続きが終了し判決で有罪が確定する以前に、たとえば警察に疑われたり逮捕されただけでも、すでに「世間のルール」に反する行為をやったとみなされるからである。

つぎでのべるように、ニッポンで「無罪推定」の法理がなかなか「世間」に浸透しないのは、この問題があるからだ。

3　まるで通用しない「無罪推定」の法理

ニッポンの「世間」では、刑事裁判の原則である「無罪推定」の法理（「裁判で有罪が確定するまではだれしも無罪とみなされる」という原則）がまるで通用しない。もともと「世間」では「法のルール」はタテマエにすぎないので、これが無視されるのも、ある意味当然だといえる。

逮捕されメディアで報道されただけで、加害者家族へのひどいバッシングが始まるのはこのためだ。それがよくあらわれているのが、警察に逮捕または書類送検されたときの、メディアでの「容疑者」などの肩書や敬称のつけ方である。

たとえば二〇一九年四月に元ＴＯＫＩＯの山口達也さんが、女子高校生にたいする強制わいせつ事件で書類送検された。このときに、メディアによって彼の呼称がわかれた。

人気グループ「ＴＯＫＩＯ」の山口達也メンバー（46）が、自宅マンションで知人の女子高校生にわいせつな行為をしたとして、警視庁に強制わいせつ容疑で書類送検されていたことが25日、捜査関係者への取材で分かった。

捜査関係者によると、山口メンバーは今年2月、東京都港区の自宅マンションに女子高校生を呼び出し、無理やりキスをするなどのわいせつな行為をした疑いが持たれている。

山口メンバーは調べに対し、事実関係を一部認めているといい、警視庁は先週、強制わいせつ容疑で書類送検した。（「THE SANKEI NEWS」電子版、二〇一九年四月二十五日）

この記事のように、彼を「メンバー」と呼ぶメディアが多かったが、「容疑者」をつかうものもあった。ところが五月に彼が起訴猶予処分になると、今度はほとんどが「さん」づけに変わった。

それにしても、「容疑者」や「メンバー」だった人間が、すぐに「さん」づけに変わるというのは、どう考えても奇妙な話であろう。また「メンバー」の呼称についても、所属事務所へのメディアの「忖度」があったのではないかと批判された。

こうなるのは、現在のニッポンのメディアでは、逮捕され身柄が拘束された場合は「容疑者」と呼ぶことに一応なっているが、書類送検という、身柄が拘束されない場合には明確な基準がなく、判断がわかれたからだ。

もちろんどう呼ぶかは、新聞社なり放送局なりのメディア内部のガイドラインで決めているだけで、法律上決まっているわけではない。

一〇年ほど前になるが、私は「毎日新聞」の「新聞時評」に、当時サイパン島でアメリカの当局によって逮捕された三浦和義さんの呼称問題について、以下のように書いたことがある。少し長いが重要な問題なので、全文を引用しておこう。

元妻殺害容疑によるサイパンでの逮捕以来、三浦和義さんを巡る報道が続いている。

面白いのは、彼の肩書をどうするかについて、メディアの対応が「元社長」と「容疑者」に分かれていることである。ちなみに毎日新聞は、見出しが「元社長」、リードが「容疑者」と、腰がひけているというか、なんとなく言い訳っぽい（3月17日朝刊）。

もちろんこうした混乱の背景にあるのは、銃撃事件では日本で無罪判決が確定しているから、アメリカでもう一度裁けるのかという「一事不再理」の問題がある。また、日本のメディアでは現在、逮捕された人間を「○○容疑者」と呼ぶ習慣になっているが、これにたいして「無罪推定の法理」からいって、匿名報道すべきだとの議論があるのもよくわかる。

だがこれは、たんなる法律上の問題ではない。何が問題なのか。コトの本質は、日本の「世間」が西欧社会とは異なり、肩書に異様に敏感な身分社会だというところにある。また英語の話で恐縮だが、英語のＹＯＵは、相手が友達だろうが大統領だろうが、すべてＹＯＵで済む。ところが日本語の二人称は、「あなた」「おまえ」「君」「てめえ」など数限りなくあり、日本人はこれを相手との関係によって瞬時に使い分けている。

この使い分けをしないといけないのは、「世間」が目上・目下などの上下関係の「身分」からできていて、それにあわせてＹＯＵを選ばないといけないからだ。初対面の人間との名刺交換が必須なのは、相手の「身分」がわからないと言葉を使えないためである。

英語がＹＯＵ一種類で済むのは、社会のなかで人は平等であるという大方の合意があるからだ。しかし日本では人は平等ではない。メディアで天皇家の人々に「さま」がつけられるのもこのせいである（３月18日夕刊など）。

そのため「世間」では、どういう肩書がつくかがきわめて重要であり、人々にとって一大関心事となっている。とくに呼び捨てにすることは侮蔑《ぶべつ》的な意味をもつ。じつは89年ごろまで日本のメディアは、逮捕された人間を平気で呼び捨てにしていた。

この点で三浦さん逮捕を最初に伝えた２月23日付ロサンゼルス・タイムズ（電子版）は、ミスターなしの呼び捨てである。しかし英語圏では、肩書や敬称なしの呼び捨てでも、とくに侮蔑的な意味はないという。人は平等だという前提があるからである。

それだけでなく、もともと日本の「世間」には、犯罪者にたいする「ケガレ」の意識があり、逮捕されただけでケガレているとみなされる。ここでは「無罪推定」がまったく機能していないのだ。だから、名前に「氏」や「さん」や「元社長」などでなく「容疑者」がつけられたら、それは呼び捨てとかわらない侮蔑的な意味をもつことになる。

じつは89年11月に他紙に先駆けて呼び捨てをやめ、「容疑者」と呼ぶことにしたのは毎日新聞である。とすれば、ここで再び他紙に先駆けて、呼び捨てと本質的にかわらない「容疑者」の呼称をやめ、起訴までは敬称または肩書をつけるという、大胆な紙面改革に踏み切ったらいいと思うのだが。

（「毎日新聞」二〇〇八年四月一日）

どうだろうか。

ケガレの問題はあとで説明しよう。三浦和義さんは一九八一年八月アメリカのロサンゼルスでおきた元妻の殺害事件で、この国で起訴され、二〇〇三年に最高裁判所で無罪が確定している（ただし、元妻の殴打事件では有罪が確定し服役している）。だから同じ殺害事件で、ニッポンで逮捕されてもう一度裁判を受けることはない。これが「一事不再理」の原則である。

憲法三九条はこの「一事不再理」について、「何人も、実行の時に適法であつた行為又は既に無罪とされた行為については、刑事上の責任を問はれない。又、同一の犯罪について、重ねて刑事上の責任を問はれない」と規定している。

問題は、それが事件がおきた現場であるアメリカにまで及ぶか、ということである。アメリカの当局はそうは考えなかった。〇八年二月に殺人容疑で逮捕状をとってそれをサイパン島で執行し、その後彼をアメリカ本土のロサンゼルスに移送した。しかし十月、公判が始まる前に、彼はロサンゼルス市警の留置施設で首を吊って自殺した（他殺説もある）。

メディアが「元社長」と「容疑者」にわかれたのは、この「一事不再理」の原則をどう考えるかによって判断が割れたからである。ニッポンでの「一事不再理」がアメリカにまで及ばないと考えれば、通常の「容疑者」をつかうことになるし、それに躊躇を感じるとすれば、なんらかの肩書をつけることになる。

そしてメディアが、この問題にこれほどまでに神経質になるのは、「世間」が「年上・年下」「目上・目下」「先輩・後輩」「格上・格下」などの「身分制」のルールから構成されているからである。その身分を端的に示すのが、「元社長」「メンバー」「容疑者」などの肩書や、「さん」「氏」「君」「さま」などの敬称である。

つまり、その人間にどういった肩書や敬称がつくかということに、「世間」はきわめて敏感になっているのだ。メディアで皇族の人たちに「さま」という敬称がつけられるのは、彼らの身分が、この国では最上位であることを意味する。逆に「呼び捨て」は、身分的には極端に低く、侮蔑的なニュアンスをもつことになる。

ところが、ここが面白いところなのだが、「世間」が存在せず、社会から構成される欧米では、たとえばミスターやミズがつかなくとも、とくに侮蔑的な意味はないという（ただし「ドクター」の肩書だけは、つけないとイケナイらしい）。

三浦さんも「ロサンゼルスタイムズ」では呼び捨てだった。先の山口さんの謝罪会見を伝えた「ニューヨークタイムズ」（二〇一九年四月二十六日付電子版）も、ミスターなしの呼び捨てである。

欧米でこれで問題ないのは、敬称があろうがなかろうが、社会のなかでは「法の下の平等」という原則がつらぬかれるからである。一人称・二人称がIとYOUだけで済むのはそのためだ。相手がだれだろうがタメ口でよい。つまり「身分制」がなく、人は平等だという前提があるので、ニッポンのように「さん」づけであるかないかは、ほとんど問題にならないからだ。

ちなみにこの国では、一九八九年ごろまでは、ほとんどのテレビや新聞は逮捕された人間を平気で呼び捨てにしていた（NHKは八四年まで）。これは、逮捕されただけで、その人間は由緒正しい「犯人」とみなされ、だから呼び捨てにしてもよい、ということだ。ここには「無罪推定」の法理がまったく働いていないのだ。だれしも最終的に無罪になる可能性があるにもかかわらず、である。

さすがにそれではマズイということになり、テレビや新聞などのメディアは、このころから逮捕された人間に「容疑者」の肩書をつけるようになった。とはいえ、これはメディア特有の呼び方であって、法律用語では、犯罪の嫌疑を受けているという者という意味で「被疑者」となる。被疑者は、概念がやや広く、逮捕されていなくともそう呼ばれるところが「容疑者」とは異なる。

では、呼称は「容疑者」でよいのか、といわれれば、そのニュアンスからいって、「世間」では「犯人」と同じ意味でとらえられており、呼び捨ての場合と大きなちがいはない。だったら、「無罪推定」の法理をちゃんと貫徹するのなら、少なくとも起訴までは、「容疑者」ではなく、肩書・敬称をつけるべきではないのか。

「新聞時評」で私がそう提案したところ、面白いことに、「開かれた新聞」委員会の「月例報告（四月度）」で、容疑者呼称のあり方について委員に意見を聞いて、それが新聞紙面に特集記事として掲載された（「毎日新聞」二〇〇八年四月二十二日）。

このなかで吉永みち子委員は、「有罪が確定していない段階での呼び捨ては侮蔑的という指摘から、容疑者をつけるようになった。が、『実名呼び捨て』でも『実名＋容疑者』でも、日本独特の〝世間〟においては本人やその家族が受けるダメージにはほとんど差がない」とし、「実名か匿名かも含めて抜本的に再検討をすべき時期だと思う」とのべている。

これにたいして玉木明委員は、「いっそのこと、『氏』または『さん』づけにしたらどうかという提言にも、それなりの理がある。しかし、日本の現状では、『なぜ逮捕された人間に敬称を付けるのか』といった抗議が殺到するに違いない。『氏』や『さん』づけが可能になるには、まず私たちの罪を犯した人間に対する意識が変わらなければならない」という。

私の提案を受けて、再検討をはっきり主張したのは吉永委員のみで、あとは柳田邦男、田島泰彦両委員は、主張があいまいでよくわからない内容。まとめを書いた小川一社会部長は、「今回の表記について、各社の対応は分かれました。〔中略〕大切なのは『考える』こと。〔中略〕正解は一つではなく、また、時代とともに変わります。今後も、委員の意見を参考にしながら、最善の表記を目指して考え続けます」と結んで、玉虫色に終始し、どう表記すべきかについては完全にお茶をにごした。

紙面で取り上げてもらったのは一歩前進だと思うが、はっきりいって、ダメだろう、これじゃ。これを読んで正直そう思った。

案の定、それから一〇年以上たつが、「毎日新聞」を含めて、メディアの「容疑者」呼称についてては、いまでもまったく何も変わっていない。この間、ほとんど議論すらされなかったのではないかと思う。それはたぶん、「さん」づけにしたら、いまなお「世間」から、「『なぜ逮捕された人間に敬称をつけるのか』といった抗議が殺到する」からだろう。

つまり「世間」のこうした意識はほとんど変わっていないし、いまむしろ逆につよまっている。第四章で詳しく説明するが、一九九八年以降ここ二〇年ぐらいの間に、「保守化」が進み、「世間」の復活・強化がなされ、厳罰化の流れがますますつよまっている、と私は考えるからだ。

「世間」が「法のルール」で動いていないために、「無罪推定」の法理がまったく働かず、逮捕されたにすぎない、まだ「犯罪の嫌疑」の段階で、メディアでは大々的に犯人視され、「世間」ではクロの烙印が押される。「世間」の加害者家族へのバッシングは、多くの場合、逮捕とメディアでの報道をきっかけに開始されるのだ。

4 「処罰」され続ける加害者家族

では、加害者家族はどのようなバッシングにさらされるのか。まず問題は、逮捕前・逮捕後のメディアスクラムと、その報道の仕方である。これを具体的にみておこう。高橋聡美は、「父親が犯罪者となった少女Aちゃんの事例」について、つぎのように紹介している。

Aちゃんが小学校低学年頃、Aちゃんの父は事件を起こした。事件直後、大勢の報道陣が夜にAちゃんの家を訪れ、自宅に煌々《こうこう》と照明を当て、「これが犯人の自宅です。犯人には妻と小学○年生の子どもがいました」と報道をした。そこは犯罪現場ではないにも関わらず、自宅を映し出すことにどんな意味があるのであろうか。それどころか、翌日の地方紙には「○田○男　△歳　（○○市○○町○丁目）」と住所まで記載され報道されたのである。この殺人事件を報道するのに、犯人の住所をここまで詳細に掲載する意図、意義とは果たして一体何であろう。詳細に記された住所の自宅に残されたのは、犯人ではなく、事件と関係なくただただひたすら突然の夫の逮捕に驚く妻と、大好きな父親の事件にショックを受け打ちひしがれている子どもがいるのである。

（「犯罪加害者家族のサポート」）

犯人が逮捕された場合、「容疑者」の呼称がつくとはいえ、この国のメディアは実名報道をする。しかも場合によっては、住所の詳細が書かれ、テレビなどのメディア関係者は、家族の自宅に押しかけ、レポーターが「現場中継」をし、家族が出てきてインタビューに応じるよう圧力をかける。

高橋がここでいうように、私も加害者家族の自宅を報道することにどんな意味があるのか、さっぱりわからない。

しかしおそらくこの背後には、「親（家）は責任を取れ」という、「世間」の加害者家族にたいする一種の「処罰感情」がある。犯罪をおかすことは、「法のルール」に反するはるか以前に、「世間のルール」に反する行為なのだ。ましてや「法のルール」に反する犯罪行為は、「極悪非道な行為」とみなされる。逮捕されたとの報道がなされただけで、「世間」の「処罰感情」が沸騰するのはそのためだ。

マスコミ関係者は周辺を訪れ、Aちゃんの同級生やその保護者などに「Aちゃんの父親はどんな人でしたか？　写真はありませんか？」と訊《き》いて回った。時にはAちゃんの小学校の校門まで報道陣が来たという。当時のAちゃんはまだ幼すぎて、父親がどんな事件を犯したのか詳細には理解できなかった。

さらに、当時通っていた小学校からは「犯罪者の子であるお宅のお子さんをうちの小学校でみることはできない」とすぐにでも転校するよう勧められ、転校を余儀なくされた。この事件に直接関係のないAちゃんにとっては不条理以外の何物でもない。

（「犯罪加害者家族のサポート」）

いったいメディア関係者が、小学校の校門にまでやってきて取材する必要がホントにあるのか。加害者の写真を探したり、関係者にインタビューすることは、報道に必要だからであろうが、事件がおきれば、こうしたメディアスクラムが当たり前のようにおこなわれる。

高橋は、これに加えてとくに教育現場において、「この事例に限らず、子どもが学校で『お前のお父さんは犯罪者だ』といじめにあったり、教師もそれに加担するケースなどがみられている」（同右）と指摘する。教師まで子どものいじめに加担するなど言語道断だと思うが、じっさい頻繁にこうしたことがおきる。

ここで問題なのは、「学校の迷惑だから、他の生徒に悪影響だから」（同右）という理由で、加害者家族の子どもが学校から排除されることである。その結果、子どもは転校を余儀なくされ、家族もまた転居を余儀なくされる。その背景には、とくに他の親から、学校にたいして「うちの子どもと一緒に通わせたくない」とつよく要求されることがある。

だがいったい、加害者の子どもが在学することが、なぜ学校にとって「迷惑」となり、なぜ他の生徒にとって「悪影響」となるのか。これを合理的に説明することはできない。つぎで詳しく説明するが、このような学校からの排除は、鎌倉時代の神判である「起請文失《きしょうもんしつ》」の「父子の罪科出来のこと」を思いおこさせる。

つまりここでは、父親が犯罪者となることで、加害者家族がケガレとみなされている。ケガレの意識があるために、子どもの存在が、学校にとって「迷惑」であり、他の生徒に「悪影響」があるとされる。これは、学校も一つの「世間」であって、「世間」の「呪術性」のルールの存在を考えないと説明がつかないのだ。

学校からの排除は、明らかに憲法一四条「法の下の平等」、同二六条「教育を受ける権利」にたいする侵害である。重大な人権侵害なのだが、ごくふつうのこととして、公然とおこなわれる。つまり学校にとっては、加害者家族の子どももまた加害者であり犯罪者なのだ。

もう少し具体例をあげておこう。一九九八年七月におきた「和歌山カレー事件」で十月に逮捕され、十二月に殺人罪で起訴、二〇〇九年に最高裁で死刑が確定した林眞須美さんのケースである（なお彼女は一貫して、カレー事件での無罪を主張している）。

事件当時小学五年だった彼女の長男は、最近刊行された著書のなかでつぎのようにいう。まず、両親が逮捕される直前の、自宅周辺でのメディアスクラムの様子である。

2階の子ども部屋まで棒の先につけたカメラで撮影されるようになり、1階も2階も窓が開けられなくなった。マスコミの人たちは脚立に座って弁当を食べ、夜になるとその場で寝袋に入って寝ていた。それでもお人好しの父が、「蚊にさされるで」と言って、キンチョールを渡しに行ったこともあった。

郵便配達の人や宅配便の人が来ると、差出人や中身を知ろうとしてマスコミの人たちが殺到した。郵便配達の人とマスコミの人が、もみあいになったことすらあった。ゴミ捨て場にゴミ袋を出すと、中身を漁《あさ》られるため、家にためておくしかなかった。

家の前の路上に弁当の空箱や寝袋が散乱している状態に腹を立てた母が、警察に通報したことがあったが、警察は来てもなにもしてくれなかった。（『もう逃げない。』）

これを読むと、自宅前に押し寄せたメディアが何をやったのかがよくわかる。そもそも棒の先につけたカメラでの「取材」など、かなり異様な感じがしないだろうか？　ここでは家族のプライバシーの権利など、どこかにふっ飛んでいる。

じつは、メディア関係者が、家族が出したゴミ袋を漁ることは珍しいことではない。先ほど触れた一九八〇年代の「ロス疑惑」でも、逮捕前の三浦さんの自宅前で同じことがおきている。メディア関係者がゴミ袋を漁りその中身を確認して、「昨日の三浦さんちの夕食は〇〇でした」とテレビなどでレポートしていた。

またメディア関係者が郵便物の差出人や中身を知りたがるのは、なんらかの手がかりを得たいからであろう（ほとんど意味ないとは思うが）。「ロス疑惑」でもそうだったが、「カレー事件」でも、実際に届いた郵便物が郵便受けから持ち去られたらしい。

ゴミ袋を漁る行為は、プライバシー権の侵害で民法の不法行為になる可能性がある。場合によっては、刑法二三五条の窃盗罪や刑法二五四条の占有離脱物横領罪にあたる可能性もある。いうまでもないが、郵便物を持ち去ったら明らかに窃盗罪だし、他人が勝手に開封して中身をみれば、刑法一三三条の信書開封罪にあたる。

驚くべきことに、こうした行為が公然とおこなわれる。

メディア関係者が、犯罪行為をやってもいいという感覚になっているのは、「犯罪者には人権はない」という「世間」の空気が背景にあるからだ。人権がないのだから、加害者やその家族には何をやっても許されると、取材にあたる関係者がどこかで思っているからだ。

さらに両親が逮捕された日に、長男を含めた四人のきょうだいは児童相談所へと連れてゆかれ、そこで入所している子どもたちから殴るなどの暴力を受ける。

彼らはみんな、ぼくらきょうだいの「正体」を知っていた。この日は児相の上空もマスコミのヘリコプターが何機も行き来しただろうし、両親の逮捕時の様子をテレビで見ていたかもしれない。同じ日に「林」という苗字の4人きょうだいがやってきたのだから、「林眞須美」の子どもだということはわかっていたのだろう。

彼らにとってぼくらは、カレーに毒を入れて4人を殺害し63人を急性ヒ素中毒に陥らせた極悪人の子どもたちで、なにをしてもかまわない標的だった。ぼくは殴られながら、大人が助けに来てくれることを期待し、部屋の入り口のほうに目をやった。すると、女の子たちがこっちを見て、バカにするかのように笑っていた。
（『もう逃げない。』）

「犯罪者には人権はない」と考えるのは、いわば「世間」の無意識だが、それが殴るなどの子どもたちの暴力行為に投影している。加害者家族は加害者と同罪であるから、家族にも人権はなく、したがって「なにをしてもかまわない標的」となる。それが暴力行為を誘発するのだ。

ニッポンでは子どももまた、大人の「世間」をなぞった「プチ世間」を形成している。そのため、大人の「世間」と同様に、「身分制」や「共通の時間意識」にもとづく「ウチとソトの厳格な区別」などの差別と排除の構造をもつ。学校でのいじめもそうであるが、殴るなどの行為の背後には、そうした子どもの「プチ世間」の排除の構造がある。

加害者家族であることがわかった場合、教育現場で何がおきるのかは、以下の例でも明らかである。

四人のきょうだいは児童相談所を出た後、児童養護施設に入所していたが、事件当時中学三年だった林さんの長女恵美さんの高校入学時の話である。

しかし、恵美の高校生活は長くは続かなかった。正門の前でマスコミの人たちが待ち伏せしているので、それがイヤで不登校になり、そのまま退学してしまったのだ。

あとから知ったのだが、恵美の進学した高校は、恵美の入学が決定した時点で保護者たちを集め、「今度、カレー事件の容疑者の子どもが入学してきますが、特別な目で見ないでください」と伝えていた。

それは、果たして恵美に対する配慮だったのだろうか。なにか起きたときに、学校側が責任を問われないようにするための、アリバイ的なアナウンスにすぎなかったのではないだろうか。実際、学校に集まってくるマスコミを迷惑に感じた保護者もいただろう。結局、その矛先は恵美へと向かうわけだ。

保護者に対してアナウンスしたということは、当然、生徒たちも恵美の素性を知っていたということになる。それがどれほど残酷なことなのか。この高校の先生たちはわからなかったのだろうか。

（『もう逃げない。』）

先ほどのAちゃんのケースでは、小学校から転校せざるをえなかった。林さんの長女は高校からの退学を余儀なくされた。ここにはもちろん、校門前で彼女を待ち伏せするなどのメディアスクラムの問題がある。しかし、より大きな問題は、これにたいする学校側の対応にある。

それにしても、もしかすると学校側はそう考えたのかもしれないが、「今度、カレー事件の容疑者の子どもが入学してきますが、特別な目で見ないでください」という保護者へのアナウンスが、一種の「善意」だといえるだろうか？

彼がいうように、この行為は学校側の「なにか起きたとき」の予防的な責任回避にもとづくものであって、到底そうとはいえないだろう。学校側にとっては、とりあえず「問題をおこさせない」ということが至上命題となっているからだ。

そもそも学校は、彼女の「教育を受ける権利」を守らなければならない。だが、「世間」は「加害者家族には人権はない」と考えている。だから、断固として学校は「世間」と闘って彼女を守らなければならないのだが、じつは学校も「世間」であるために、どこかで「加害者家族には人権はない」と考えているのだ。そのため姑息な自己保身にはしることになる。

さらに大きな問題は、加害者家族が仕事に就いていて、自分の素性が職場にバレた場合にどうなるか、である。多くの場合、仕事を辞めざるをえなくなる。

レストランで働き始めて1年が過ぎたころ、店長に呼ばれた。そして、正確な言葉は忘れてしまったが、たしか

「林君、君はカレー事件の林眞須美の息子なの？」

といった感じで質問された。

突然、頭を殴られたような気がした。この居心地のよい職場を失うのだろうか。そんな恐怖を感じながら、正直に「そうです」と答えた。〔中略〕

店長はぼくにこう言った。

「うちは食べ物を扱っている店だから、衛生的に問題があるんだよね」

このフレーズは正確に覚えている。忘れたくても忘れられないのだ。「衛生的に問題」というのは、カレー事件から毒物を連想してしまうということなのだろう。

店長は、困ったような顔をしていた。そもそも、やさしくていい人なのだ。チェーン店の居酒屋に勤めて資金をため、やっと独立したばかりだった。

カレーに毒を入れた「犯人」の息子であるぼくを雇ったせいで店の評判が悪くなり、客足が遠のいてしまったら申し訳ない。ぼくは「わかりました」と言って、そのまま店を辞めた。


（『もう逃げない。』）


レストランで「林」という名札をつけていたために、客から「もしかすると林眞須美の息子ではないか」と指摘され、店側が履歴書を確かめた結果の話である。履歴書に母親の名前はなかったが、一緒に逮捕された父親の名前が書かれていたので、加害者の息子という彼の素性が発覚した。

お店のいう「衛生的に問題」とは「精神衛生的に問題」のことかと、ついツッコミを入れたくなる。「衛生的」とは具体的なことではなく、比喩にすぎないからだ。つぎで触れるが、ここにあるのは、「カレー事件」の加害者や加害者家族にたいするある種のケガレの感情である。それが「衛生的に問題」という、店長のなんとも微妙な表現になっているのだ。

そしてもちろん、加害者家族であることが解雇の合理的理由とはいえない。労働者の権利も人権も、ここではどこかにふっ飛んでいる。しかし、「呪術性」から構成される「世間」は合理的ではないから、合理的理由などなくとも辞めさせられるのだ。

彼は辞めたあとで、「虚脱感から、しばらくは何もできなかった」(同右)という。気を取り直して、つぎの仕事を探しにハローワークに行くのだが、私だったらここで完全にメゲてしまうところだ。このようにして多くの場合、加害者家族は仕事を転々とせざるをえなくなる。

そして加害者家族への「世間」の差別と排除のまなざしは、加害者が服役し出所したのちも永久に続くことになる。

河合は殺人をおかした刑務所からの出所者の行方について、つぎのように指摘している。

殺人を犯した出所者の行く先を調べた調査によれば、数十件中の一件、大地主の人物を除いて、全員が出身地に帰れていない。それも家族ごと故郷を出ている。つまり一言でいえば、犯罪者は世間から家族ごと永久追放なのである。[中略]

これは、欧米の刑罰思想からいえば、まったく受け入れられない仕打ちである。刑罰は、適正な手続きを通じて裁判で国家によってしか科すことができないからである。世間という民が、いつまでも犯罪者を懲らしめ続けるのは、法学の考え方からすればとんでもないことである。文句なしに憲法に反する行為である。

（『終身刑の死角』）

殺人の罪をつぐなった出所者は、ほとんど出身地に帰れない。その家族すら出身地を出ざるをえない。「世間」が受け入れないからである。河合は、いつまでも「世間」が犯罪者を処罰し続けるのは憲法違反だと批判する。

すなわち、憲法三一条は「適正手続き（デュープロセス）」を規定し、「何人も、法律の定める手続によらなければ、その生命若しくは自由を奪はれ、又はその他の刑罰を科せられない」とある。刑罰は、国家による裁判手続きを通じてしか科せられないのであって、「世間」が勝手に処罰を加えることはできないということだ。

ところがこの国では、「世間」が加害者や加害者家族にたいして、事実上「処罰」を加え続ける。もちろんこれは人権侵害である。「世間」が罪をつぐなった出所者を、家族ごと永久追放にするのは、「世間」のなかでは「法のルール」が作動せず、権利や人権という概念が信じがたいほど希薄だからだ。

「世間」にとっては、加害者に権利や人権があるとは考えない。縁座・連座責任の考え方によれば、加害者家族もまた加害者と同罪である。その結果、加害者家族もまた、「世間」から永久追放という「処罰」を受け続けることになるのである。

5 加害者家族はケガレとみなされる

それだけではない。加害者家族が「世間」からバッシングされ排除されるのは、そこに「呪術性」という伝統的なルールがあるために、犯罪／犯罪者がケガレとみなされ、家族もまたケガレとして、「世間」から忌避され排除されるからである。

じつは、犯罪／犯罪者をケガレと考える意識はきわめて古い。それは、前近代の時代にさかのぼるものである。ヨーロッパでもそうであるが、近代以前の共同体は、科学技術が発達している今日とは異なり、自然災害や飢饉などの不測の事態によって、人々のつながりが簡単に壊れてしまう脆弱さをもっていた。

それ故、一人の人間が殺されるなどの犯罪行為は、それだけで共同体全体のつながりを危うくすることになる。もともと多神教的な呪術的世界であるために、犯罪／犯罪者はケガレであり、犯罪がおきることは、それだけで共同体の秩序を危機におとしいれる。それ故、刑罰はケガレた共同体の秩序を修復し、人々のつながりを回復させる宗教的・呪術的意味をもっていた。

近代以前の車裂きや斬首などの生命刑や、鞭打ちなどの身体刑にみられるように、当時の刑罰がきわめて残虐にみえるのは、それがケガレを祓う宗教的・呪術的意味をもっていたからである。また近代刑法は、個人のみに責任を負わせる個人責任・自己責任が基本だが、近代以前の刑法が団体責任・集団責任であったのは、individualたる個人が存在せず、壊れた共同体の秩序を元に戻す必要があったからだ。

面白いことに、その責任の範囲は、縁座・連座責任のような家族や親族だけではなく、犯罪者／犯罪に関わるすべてのモノにも及んだ。じつは「世間」という古い人的関係がのこるニッポンでは、いまでも犯罪／犯罪者に関わった土地や住居などが「処罰」されることが珍しくない。

たとえば、先ほどのべた「和歌山カレー事件」の加害者家族の自宅は、両親が逮捕されたのち空き家になったが、まず塀に「人殺し」などと大量に落書きされた。一九九九年に自宅を訪れた息子が、その様子を以下のように語っている。

用水路に面した白い壁は、黒や赤、青など色とりどりのスプレーでめちゃくちゃに落書きされていた。「人殺し」というわかりやすい文字から相合傘まで、何のちゅうちょもなく書かれたそれらの落書きを見ていたら、言いようのない恐怖に襲われた。「カレー事件の犯人の林眞須美」とその家族は、日本中から憎まれている。なにをされても仕方のない存在なのだと。

（『もう逃げない。』）

この落書きだけでも刑法二六一条の器物損壊罪にあたり、「三年以下の懲役又は三十万円以下の罰金若しくは科料」となる明確な犯罪行為である。問題は、この落書きをした人々が、おそらく、林家が「なにをされても仕方のない存在」と思っていることである。

その後、彼の自宅は、二〇〇〇年二月に放火とみられる不審火で全焼し、解体された。跡地を自治体が買い取り、現在では公園になっているという（のちに放火した犯人は逮捕され、実刑判決を受けたようである）。この家は「世間」から、落書きしても放火しても構わない存在、とみなされていたということだ。

加害者家族の住居が「なにをされても仕方のない存在」なのは、たんに「世間」から憎まれているからだけでなく、その根底に、犯罪／犯罪者をケガレ視する「呪術性」の意識があるためである。つまり犯罪／犯罪者と関わる住居もケガレている。そのケガレを「抹消」するためには、落書きだけではなく、最終的には焼却するしかない、と。

きわめて興味深いことに、「世間」が存在した中世以前のヨーロッパでも、追放の刑を受けた犯罪者の土地や住居が、同じように扱われたという。

K・B・レーダーによれば、それはかつてヨーロッパでは、「焼却および破壊による迫害」と呼ばれた。

心理学的に興味の深い一連の措置が、この追放と結びついていた。まず第一に、昔は追放の後では、ほとんどいつでも、荒廃させる仕事といわれることが行なわれた。それは、古い出典に言われているような、「焼却および破壊による迫害」で構成される。つまり、被追放者の家は大地と同じにされたのだが、焼いてしまうか、または、焼けば隣人に危険を及ぼすようなときは取り壊してしまい、なに一つとして残してはならなかった。古代フランスやノルマンの法によれば、立木も引き抜かれ、庭園や畑まで荒廃に帰せしめられた。この荒廃させる仕事には、すべての住民が協力させられた。そんな協力をこっそりと免れる者は罰せられた。

(『図説・死刑物語』)

当時共同体からの追放の刑は、実質的には死刑にも等しい厳しいものであった。その追放の刑に引き続き、追放された者の家は焼くか取り壊して「大地と同じにされた」。しかもこの作業には、すべての住民が強制的に動員されたらしい。

これは当時のヨーロッパにも、現在この国にあるような「呪術性」のルール、すなわち多神教的なケガレの意識があったことを意味する。犯罪者の土地や住居を「処罰」することは、宗教的・呪術的意味をもっていたのだ。

その後ヨーロッパでは、キリスト教という一神教の台頭によって、「世間」にかわって社会が成立し、こうした意識は徐々に消滅していった。現在の西欧社会で、ニッポンのような加害者家族へのバッシングがおこりにくいのは、ケガレという「呪術性」の意識が希薄であるのが理由の一つであると考えられる。

ニッポンの「カレー事件」でおきたことは、この中世ヨーロッパに存在した「焼却および破壊による迫害」である。加害者家族の家は「焼却および破壊」によって、まさに「大地と同じにされた」のだ。

ヨーロッパではとっくに消滅したこうした奇妙な習慣が、この国に牢固としてのこっているのは、一〇〇〇年以上前に成立した伝統的な「世間」が社会に変わることなく、依然としてのこり続けているからに他ならない。

もう一つ例をあげておこう。鎌倉幕府法においては、自己の主張の真実を立証するために、「起請文《きしょうもん》」を書いて一定期間神社に参籠し、その間に神判として特定の現象がおきなければ、宣誓の真実が立証されたという。

そのさいの特定の現象に、「鼻血出づる事」や「鼠《ねずみ》のために衣装を喰《く》はるる事」や「身中より外血《げけつ》せしむること」などの他に、「父子の罪科出来の事」というのがあった。

これらがあると「起請文失《きしょうもんしつ》」といって立証に失敗したことになるのだが、阿部謹也は、この「父子の罪科」が現在でも大きな意味をもっているという。

父子に罪人がでることは現在でも大きな意味をもっている。序章でも述べたが、日本人の世間付き合いの中で父や子に罪人がでた場合を考えてみよう。私達はどんなに肩身が狭い想いをするだろう。そして、多くの場合世間付き合いができなくなるであろう。そのような場合世間はその中にいる者を守ってはくれない。むしろ排除しようとするであろう。それは陰に陽に世間から当人に迫ってくる力であって、逆らうことはできない。それはいわば世間による裁きなのであって、そのような世間による裁きは今も生きている。陰湿な世間による裁きの背後には、神判を成り立たせている日本の「世の中」や「世」があったのである。こうして起請文失の条の中には今でも生きているものがあるのであって、私達は中世法の世界が全く過去のものだとはいえないのである。

（『「世間」とは何か』）

当時こうした「起請文失《きしょうもんしつ》」となる現象は、神の怒りの表現とみなされた。もちろん鼻血が出たり、鼠が衣装を食べたり、身体から出血することなどへの意味づけは、迷信・俗信にすぎない。いまでは、こうした神判が裁判の基準になることはありえない。

しかしよく考えてみると、現在でもこれがおきたときに、私たちはどこかで「気味が悪い」とか「縁起が悪い」と思ったりしないだろうか。とくに鎌倉時代の「起請文失」にある「父子の罪科」は、阿部のいうように、「今でも生きている」のではないだろうか。

家族が犯罪をおかした場合に、加害者家族が「世間」から非難される問題の根底には、この鎌倉時代の神判にみられるような呪術的なケガレの意識がある。犯罪／犯罪者がケガレとみなされ、家族もまたケガレとみなされる。加害者家族は「世間による裁き」を受ける。しかしくり返すが、ヨーロッパではそうではない。

阿部はヨーロッパにおいては、「ローマ教会の反対によって十三世紀以降神判は散発的にしか行われておらず、世俗の裁判と教会の裁判との間の断絶がこの頃から明瞭になってい る」(同右)とのべる。教会の裁判と世俗の裁判との分離、つまり聖俗の分離がおきたのだ。そして神判の消滅と並行して告解が義務になってゆき、そこから個人が生まれ、呪術的な「世間」が否定され、社会が形成されたのである。

6　なぜ、死刑制度が圧倒的に支持されるのか

ここで、ニッポンの死刑制度の問題について考えてみたい。じつは死刑制度は、この国のケガレという「呪術性」のルールの意識に深く関わっていると考えるからだ。

アムネスティ・インターナショナルによれば、二〇一七年末で、世界一九八カ国・地域のなかで死刑を廃止・停止しているのは一四二カ国で、死刑廃止・停止国が圧倒的多数である。しかも、OECD(経済協力開発機構)に属する国のうち死刑制度を存置しているのは、アメリカと韓国とニッポンだけである。

ただし韓国は、一九九七年以来死刑を執行していないので「停止国」と評価されている。

アメリカは州ごとに制度が異なるが、いまでは半分の州が廃止または停止している。だから、まるごと存置国ともいえないのだ。またEU（欧州連合）は死刑制度を廃止しないと加盟できないので、加盟国はすべて廃止国である。

ヨーロッパでおきた大量殺人事件を例にあげておこう。二〇一一年七月にノルウェーのオスロとウトヤ島でおきた「ノルウェー連続テロ事件」である。オスロ市庁舎の爆破とウトヤ島での銃乱射で七七人が殺害され、一〇〇人以上が負傷した。ノルウェーでは第二次大戦後最悪の大量殺人事件である。

犯人の男性（三十二歳）は、移民排斥を訴える右翼思想のもち主だった。公判では、責任能力も争われたらしいが、本人は精神病を否認。結局、裁判所は彼に禁錮刑で最低一〇年、最高二一年の判決を下した。

なんと驚くべきことに、禁錮二一年である。ニッポンだったらまちがいなく死刑になるところだ。じつはノルウェーはEU非加盟国なのだが、死刑廃止国である。しかもこれがほぼ最高刑なのだ。この事件をきっかけに国内で死刑制度復活論も出たようだが、国民の死刑制度廃止というコンセンサスは現在も変わらないようである。

話を戻そう。一七年に存置国で執行数が多かったのは、中国、イラン、サウジアラビア、イラク、パキスタンの順だといわれる。おおむねイスラム教の国が多いが、中国は執行数を公開していないので詳細は不明である。

ニッポンでは、一九九〇年~九二年に三年間死刑執行ゼロが続き、いよいよこの国も「死刑停止国」になったかとウワサされたが、九三年に当時の後藤田法務大臣によって再開された。それからはほぼ毎年、死刑が執行されていて、近年では増加傾向にある。

最近では、一八年七月にオウム事件関係の死刑囚一三人が、一カ月のうちに最初に七人、つぎに六人と、まとめて「大量執行」された。私があ然としたのは、当日にテレビのワイドショーが特別番組を放送し、「いま〇〇に死刑が執行された模様です」と、死刑執行の「実況中継」をしたことだ。

この国の死刑執行は、事後にメディアにたいして発表されることはあっても、本人にすら事前に知らされることはない(かつては知らされた時代もあったようだが)。つまり、これまで徹底した秘密主義がつらぬかれていた。ところが、おそらく法務当局の意図的なリークがあったと思うが、メディアによる生中継は異例中の異例のことであった。

また、一カ月以内という短期間での一三人の執行も、きわめて異例の事態だ。二〇一九年には天皇が交代し元号が変わるために、「大量執行」がやりにくくなるので、法務当局が執行を急いだといわれている。

いずれにしても先進工業国のなかでは、この国だけは、死刑の廃止・停止の気配がまるでない。二〇一四年十一月に内閣府が実施した世論調査によれば、「死刑もやむを得ない」と答えた人の割合が八〇・三パーセント、「死刑は廃止すべきである」が九・七パーセント、

「わからない・一概に言えない」が九・九パーセントだそうだ。

ちなみにこの質問をよく読むと、死刑存置論に有利になるように、内容がきわめて誘導的になっている。つまり、存置論を「やむを得ない」と質問するのなら、廃止論のほうも「廃止すべき」ではなく、「死刑廃止もやむを得ない」と質問すべきである。質問内容が明らかに不公正で、存置論に有利なようにバイアスがかかっているのだ。

こんなインチキな内容で、なぜ政府の世論調査が堂々通用しているのかちょっと不思議に思う。廃止論よりも存置論を数字上増やすための苦肉の策なのだろうが、それにしてもやり口があまりにセコすぎないか。

また同じ調査で、「死刑もやむを得ない」と答えた人のうち、「将来も死刑を廃止しない」の五七・五パーセントにたいして、「将来的には死刑を廃止してもよい」と答えた人が四〇・五パーセントもあったそうだ。死刑存置論の側も全員が全員「ゼッタイに死刑は必要」と考えているわけではなく、それほど確信的なものではないことがわかる。

とはいえ、世論調査をすれば、存置論が圧倒的に多いことはたしかである。一八年の異例の「大量執行」のさいも、死刑の存廃の議論はほとんど盛り上がらなかった。一九九四年に発足した国会の超党派の「死刑廃止を推進する議員連盟」も、最近はさっぱり元気がない。

また国際的にも、国連人権理事会の「UPR（普遍的定期的審査）」において、二〇〇八年、一二年、一七年に、複数審査国から日本政府にたいして、死刑廃止または死刑執行モラトリアムを導入するように、何度も勧告がなされている。

だが日本政府は、「死刑制度については、国民の多数が極めて悪質、凶悪な犯罪については死刑もやむを得ないと考えており、特別に議論する場所を設けることは現在のところ考えていない」として、これらの勧告を拒否している。

私は、死刑には反対である。なぜなら、それが国家による戦争にせよ死刑にせよ、どんな状況や事情にあったとしても、人を殺すことは、端的に殺人以外の何ものでもないからである。つまり死刑制度には、必ず現実にそれを実行する人間が要求される。

いかに死刑執行が「法令による行為」で、刑法上「違法性阻却事由」にあたるといわれても、それを命令し執行する人間がいる以上、彼らの所業は、刑法一九九条が禁止する殺人にあたる行為だと考える他ないからである。

ついでにいえば、死刑存置論の論拠に、ニッポンが治安がよいのは死刑制度があるからだ、というのがある。しかし、これまでくり返しのべたように、治安がよく安全なのは、死刑という制度があるからではなく、死刑を支持する「世間」の同調圧力が圧倒的につよく、それが犯罪抑止力になっているからである。

それにしても、この国の死刑にたいする「世間」の支持の多さは、いったいなぜなのか？

他の先進工業国とはまったく異なり、死刑を廃止・停止するような議論が一向におこらないのは、なぜなのか？

私はこれが不思議でならなかったのだが、以下のような辺見庸の死刑廃止論を読んで、その疑問が氷解した。

この国の死刑はじつに不思議で呪術的なしきたりにしたがっておこなわれています。これは他の死刑存置国とはあきらかに異なるところです。刑場の位置、ならびに刑場において死刑囚が立たされる地点は十二支でいう丑寅《うしとら》、北東の方向に定められています。丑寅は鬼門です。東京拘置所は新装されましたが、その方角だけはいまでも変えていないでしょう。この方角にたいする感覚は、畏れおおくも宮中に一直線につながっている。宮中の祭祀は丑寅の対角線上でおこなわれ、なるほど死刑執行はその真逆、穢《けが》れが立つ場所としてあるのです。

（『愛と痛み』）

死刑執行は、丑寅というケガレの立つ場所でおこなわれる、と辺見はいう。なるほどね。それでわかった。もともと死刑制度自体は、前近代の時代から現代まで連綿と続く、きわめて古い歴史をもつ刑罰である。古い歴史があるが故に、それはいまでもケガレという古いしきたりにしたがっておこなわれる。

そして、ニッポンの「世間」には「呪術性」ルールがあり、そこには強固なケガレの意識がある。じつはこの国で、死刑制度が圧倒的に「世間」に受け入れられているのは、そこに、犯罪／犯罪者に向けられるケガレの意識が、抜きがたく存在しているからである。

ニッポンでこれがいかに強固なのかは、たとえば葬式に行ったさいに、受付で香典を渡すと、小さな袋に入った塩をくれるが、これは家に帰ったときに玄関でケガレを祓うためにつかうことからもわかる。死者がケガレであるというごく日常的な「世間」の意識が、死者をつくりだす（「殺人がおこなわれる」といいかえてもよい）刑場にそのままつながっているのだ。

辺見は、死刑が「宮中に一直線につながっている」（同右）という。死刑執行はまた、天皇制と密接に関係している。一八年のオウム事件死刑囚の「大量執行」が、元号が変わる一九年に執行したくないという理由だったことを思いだしてほしい。大量の死刑執行はケガレであるから、ありがたい改元の年にはふさわしくない、というわけだ。

そして「世間」と天皇制は密接な関係にある。辺見は阿部の世間論の功績について、「日本的ファシズムの淵源はそうした世間にこそあるのだと説き、その頂点に天皇制があることをしめした」（同右）という。当然のことながら、天皇は「日本国の象徴」（憲法一条）であるばかりではなく、「世間」の「呪術性」の象徴的存在である。

さらに、「世間」の「身分制」の最上位に立つのは天皇である。天皇は唯一、犯罪をおかしても訴追されないし、「表現の自由」のような基本的人権も制限されているから、いわば「国民」の圏外の存在なのだ。そして、天皇の対極にあって「身分制」の最下位に位置するのは、いうまでもなく被差別部落の人々である。

「世間」の「身分制」は、この天皇と被差別部落の人々の二つを極として、その間に階層化されたさまざまな身分がミルフィーユのように積み重なっている、という構造になっている。これが欧米の階級と異なっているのは、たとえばイギリスの上流階級・中産階級・労働者階級のように、職業で決まる固定的なものではない点である。

たしかにこの国でも、ここ二〇年ぐらいの社会的格差の拡大によってイギリスのような階級社会が成立したとの説もある。しかしニッポンにおいては、身分はそれだけではなく、個別に人間関係ができたときに、その都度、「年上・年下」、「目上・目下」、「先輩・後輩」、「格上・格下」などの上下関係の序列ができる。つまり、固定的な階級よりもはるかに融通無下に身分が生まれる。まさに「身分制」が、ニッポンのあらゆる差別の根源になっているのだ。この「身分制」という観点からいえば、加害者家族は加害者と同様にケガレているから、身分的には圧倒的に低く、「なにをされても仕方のない」存在になる。つまり、どんな危害を加えられても仕方のない存在だということになる。

加害者家族にたいするバッシングの根底には、それが意識的であるにせよ、無意識であるにせよ、家族を忌避するケガレの感情が存在している。これが加害者家族が、いつまでも転居や転校や転職を余儀なくされる、大きな理由となっているのだ。

第四章　死んでお詫びします――「高度な自己規制」の異様さ

ニッポンは、先進工業国のなかでは自殺率がもっとも高いレベルにある自殺大国である。自殺率の高さの背景には、「世間」の同調圧力のつよさと、それによる私たちの「高度な自己規制」の意識がある。第四章では、この国の自殺率の高さが、どのように加害者家族を追いつめてゆくのか、という問題を考えてみたい。

1　自殺にまで追いこまれる加害者家族

歴史的にいって、事件の重大性による規模の大小はあるにしても、加害者家族への「世間」のバッシングは枚挙にいとまがない。第二章で触れたように、バッシングは大正時代にすでにみられるが、そのなかで、家族が自殺にまで追いこまれるケースも稀ではない。

加害者家族になったときに、いったい何がおきるのか？　具体的にみておきたい。

一九八八年から八九年にかけておきた「東京・埼玉連続幼女誘拐殺害事件」では、犯人の父親が自殺に追いこまれている。この事件で、自殺した父親の知人であり東京新聞の記者である坂本丁治が、父親を取材したときの様子を、鈴木がつぎのように書いている。


坂本は隣の四畳半の小さな部屋に案内された。

はがきや封書が山と積まれていた。坂本が見たところ、ダンボール1箱では足りないくらいの量だった。手にとって見ると、「お前も死ね」「娘を殺してやる」などと書かれていた。宮崎勤には2人の姉妹がいる。彼女たちを狙い撃ちした嫌がらせが多かった。香典袋が同封されているものもあった。

差出人の名前や住所が書かれていないものばかりだった。何十通にも目を通した坂本は、次第にやりきれない気持ちになった。気がつくと目が潤んでいた。そんな坂本の姿を父親がじっと見つめていたという。

(『加害者家族』)


この事件は約三〇年前のものだが、現在でも「世間」を騒がす凶悪な事件がメディアで報道され犯人が逮捕されたら、加害者家族にはまちがいなく同じようなことがおきるだろう。

先述の、アーカンソー州の中学校の銃乱射事件のことを思いだしてほしい。母親の元に届いたダンボール二箱分の手紙は、すべて励ましであった。この国では脅迫や香典袋である。

何度も強調しておきたいが、この点が、西欧諸国とこの国がまったくちがうところである。

それにしても、はがきにせよ手紙にせよ、私が許せないと思うのは、これらのもののほとんどが匿名であることだ。卑怯としかいいようがないのだが、いったいなぜ、人は「お前も死ね」とか「娘を殺してやる」といったセリフを、平然といえるようになるのか？「共通の時間意識」によって「みんな同じ」を求める「世間」は、「世間」のウチとソトを厳格に区別する。

意外に思われるかもしれないが、おそらくこうした人たちは、お互いの顔がわかる自分の「世間」のウチでは、「世間のルール」を遵守し、「お互いさま」といって助け合うような、よき隣人、よき同僚として、ふだんはきっと真面目で優しい人たちなのだ。

ところが、いったん顔のわからない「匿名」という、自分の「世間」のソトに出たとたんに、「世間の目」がなくなり、「旅の恥はかき捨て」状態になって傍若無人になる。「世間」のソトでは、自分が縛られていた「世間のルール」から自由になるからである。この意味でニッポン人は、「世間」のウチとソトで態度をまったく変える、一種の二重人格者だといえる。

ちなみに、ネットで他人を叩く場合も同じで、ひどい差別的言辞や罵倒、誹謗中傷などの傍若無人状態になるのは、それが自分の「世間」から離れた、つまり「世間の目」がない「旅の恥はかき捨て」状態になるからである。とくにネットの匿名性は、その傍若無人状態に「火に油を注ぐ」ような役割を果たしている。

逆にいえば、ニッポン人にとって、日常的に「世間のルール」に縛られていることのストレスはおそらく半端ではない。「世間」はきわめて息苦しく、生きづらいのだ。酒を飲んで暴れる人間が多いのもそうであるが、加害者家族にたいするバッシングは、日ごろのストレスのうっ憤を晴らす意味があるともいえる。

しかも凶悪な事件がおきたときに、「世間」には「共通の時間意識」があるために、個人が存在せず、そのため自他の区別がつかなくなる。「自分は自分。他人は他人」とは思えなくなるのだ。

テレビの報道をみただけで、自分とは何の関係もないのに、「我が事」であるかのように錯覚し、「多大の迷惑をかけられた」と思いこむ。私はこれを、自分と他人の区別ができなくなり、主客が溶け合って、ある限度を超えて過剰に対象に没入するという意味で、「共感過剰シンドローム」と呼んでいる。

これをよくあらわしているのが、一九九三年におきた「矢ガモ」騒動である。東京・石神井川で、ボウガンの矢が刺さったまま泳ぐカモの姿をメディアが取り上げ、大騒ぎになった。「世間」では「ひどい!」と同情が集まり、その捕獲騒ぎをまたメディアが報道して、さらに大騒ぎになった。

最近でも「矢ガモ」騒動がおきているが、メディアがこれを好んで取り上げるのは、「世間」に「共感過剰シンドローム」があり、「我が事」としての同情や共感を招きやすく、視聴率が上がるからである。

「共感過剰シンドローム」があるために、「世間」は犯罪被害者の状況に共感し同情する。それに正義感も加わって、犯罪／犯罪者への非難感情がつよまり、その非難が家族に向けられることになる。その結果、苛烈な加害者家族へのバッシングとなる。

そうしたなかで、さらに宮崎家におきたのは、つぎのようなことである。


宮崎勤には2人の姉妹がいた。長女は事件発覚後、勤め先のスーパーを辞めた。さらに、1989年の年末に挙式することになっていたパートナーとの婚約を自ら破棄していた。次女は、看護学校に通っていたが、退学手続きをとり、看護師となる夢を自ら断っていた。

父親は5人兄弟だった。そのうち、2人の弟は、いずれも会社の役員などをしていたが、事件後に辞任した。下の弟は離婚をした。宮崎勤のいとこにあたる娘が2人いて、彼女たちの将来を考えて、妻方の旧姓にするためだった。同じくいとこにあたる、宮崎勤の母親の兄の2人の子どもも勤め先を辞めた。公的な仕事をしており、そのことが週刊誌などで暴露的に報じられたりしたからだ。

（『加害者家族』）

週刊誌などのメディアの報道も加わって、犯罪者への責任追及が、退職や退学、婚約破棄や役員辞任や離婚などのかたちで、加害者家族はもとより、親族である父親のきょうだいにまで及んでいる。驚くべきことにここでは、犯罪者の罪科が一族郎党全体に及ぶ、江戸時代の縁座・連座制がそのままのこっているようにみえる。

もちろん近代以前の時代に問われたのは、現在でいう刑事責任である。しかもそれは、「公事方御定書」などの法によって、きちんと明文化されていた。ところが現代の縁座・連座制は、刑事責任を問われるものではないが、なんら明文上の規定がないにもかかわらず、家族や親族は確実に犯罪の責任を問われる。

事件の裁判は一九九〇年三月から始まった。父親は一度も傍聴に訪れなかった。また息子が私選弁護人をつけるように要望したにもかかわらず、親がカネを出すことは自分を守ろうとすることであり、それでは被害者や遺族に申し訳ない、という理由で拒否したという。

公判がはじまって四年半後の九四年十一月、父親の遺体が多摩川の河原でみつかった。橋の上から飛び込んだ覚悟の自殺とみられる。坂本は、「加害者の家族は、罪を犯した本人以上に苦しむことがあるのだということを、私はこの事件を通じて初めて知った」(同右)と語ったという。

加害者家族や親族は、責任の取り方として、婚約破棄や退職や離婚に追いこまれるだけではなく、最終的には自殺することで「世間」に謝罪をしなければならなくなる。つまり、

「死んでお詫びをする」というところまで追いつめられるのだ。

ところで、インターネット上で加害者や加害者家族にたいする「世間」のバッシングが始まったのは、一九九七年二月から五月にかけておきた「神戸連続児童殺傷事件」以来であるといわれる。このときには、加害少年や家族についての書きこみがネット上にあふれた。もちろんそれらの多くは、真偽不明のものであった。しかしこの事件では、週刊誌が少年の実名と写真を公表したために、この写真が、ネット上の掲示板やホームページなどでコピーされ、閲覧が殺到した。

その後、ケータイやスマホの普及などによって、ネット環境が生活世界の隅々まで浸透した二〇〇〇年代に入ってからは、リアル・ワールドの「世間」をなぞった「ネット世間」が生まれ、これが肥大化してゆく。

このなかで、加害者家族の氏名・住所・勤務先・学校名・電話番号などの個人情報がさらされることで、リアルタイムでの加害者家族への匿名の非難・攻撃が頻発するようになった。バッシングが、従来よりはるかに巨大な規模でおきるようになっているのだ。

〇八年六月におきた「秋葉原無差別殺傷事件」では、加害者の実弟が、メディアに追われ、ネットでは個人情報をさらされ、職と住居を転々とせざるをえなかった。彼には恋人がいたのだが、交際には反対しなかった彼女の親から結婚に反対され、一四年二月に自ら命を絶っている。

この問題については、『もう逃げない。』のなかでも触れられている。

たとえば、２００８年に秋葉原の歩行者天国にトラックで突っ込み、通行人を多数殺傷した男の弟は、事件当日に仕事を退職せざるをえず、その後は転居と転職を繰り返した。しかし、転居してもなぜかいつも住所が割れてしまい、記者が訪ねてきたという。それだけが原因ではないが、結局彼は自殺してしまった。

ちなみに彼には、結婚を約束した女性がいた。彼女も彼女の両親も「お兄さんのしたことと、あなたとは関係ない」と言ってくれていた。しかしそれは建て前で、いざとなると両親は結婚には反対し、彼女も去っていったという。すべて雑誌記事からの情報で、真実はわからない。ただ、ぼくは彼と一面識もなかったが、とても他人事とは思えなかった。

「とても他人事とは思えなかった」というのには理由がある。彼にも事情を理解した上でつきあっていた恋人がいたのだが、彼女の両親には「ぼくの両親は交通事故で亡くなった」といって隠していた。だが、それを彼女の実家で父親に打ち明けたとたんに、「大事な娘を死刑囚の息子にやれるか！」といわれ、結局彼女とは別れざるをえなかった、という苦い経験があったからだ。

こうなるのは、この国では、結婚は個人と個人とのつながりではなく、「家」と「家」とのつながりであり、家全体や、場合によっては親戚一族郎党の問題となるからである。つまり、「家」制度が消滅したいまでも、依然として「いえ」の意識が強固にのこっている。「死刑囚の息子」との結婚によって姻戚関係が生じ、そのことで彼女の両親の家が「世間」から忌避され排除されることを恐れたのだ。

たしかにこの国の憲法二四条には、「婚姻は、両性の合意のみに基いて成立」すると書いてあり、結婚が個人の意思によってのみ成立するとのべている。戦後二四条ができたのは、「家」制度があった戦前には、家長が子どもの結婚について絶対的権力をもっていて、自由な結婚ができなかったからだ。

しかし、二四条はタテマエにすぎない。それは結婚式場に行ったときに、結婚する個人の名前ではなく、「〇〇家××家披露宴会場」などと書いてあることからもわかる。もし、この国の家族が個人から構成される〈近代家族〉であるのなら、結婚ということになっても、犯罪はあくまでも実行した個人の責任であるから、「お兄さんのしたことと、あなたとは関係ない」で済んだはずだ。

〈近代家族〉が未成熟なこの国では、たとえ成人の子どもがおこした犯罪でも、その責任は家族にある。「親（家）は責任を取れ」と非難される。親やきょうだいがおこした犯罪も、その責任は家族にある。加害者家族の結婚相手となった者の家にも責任はある、というかたちで、永遠に縁座・連座責任の連鎖が続いてゆくのだ。

さらにまた、一四年七月におきた「佐世保高一女子同級生殺害事件」でも、弁護士であった父親が十月に自殺している。加害者の高校生A子を独り暮らしさせていたことや、母親の死後わずか半年で若い女性と再婚したことが「世間」から非難されたためであるといわれる。WOHが、〇九～一四年の加害者家族からの相談を分析した結果をみると、八八パーセントが「自殺を考えた」という。その理由として、四一パーセントが「事件報道によるショック」、三八パーセントが「生きてゆくことに罪悪感を抱く」と答え、これ以外に、「再犯によるショック」「経済的困窮」「近所からの苦情に耐えられない」「家族を失ったショック」と答えたという(『加害者家族支援の理論と実践』)。

これは、加害者家族にたいして、「世間」から「親(家)は責任を取れ」といわれるだけではなく、陰に陽に「一生、謝り続けろ!」とか「お前も死ね」という、謝罪の同調圧力がかかるからである。その結果、加害者家族は「生きてゆくことに罪悪感を抱く」といった、つよい自責的な感情を抱かざるをえなくなる。

ここでよく考えておかなければならないのは、そもそもこの国の謝罪が西欧にはないような独特の意味をもっていることである。「すみません」というごく日常的につかわれるありふれた言葉が、このことを象徴している。

英語では「すみません」は「アイムソーリー」で、明らかな謝罪以外ではつかわれない。

ところがニッポンでは、これが謝罪以外の場合にも頻繁につかわれる。たとえば喫茶店では、「すみません。A定食とコーヒーをお願いします」とふつうにいう。
いったいなぜなのか？　榎本博明は、それをつぎのように説明する。

日本的感覚からすれば、何かあったときには、とりあえずは謝ったほうがいい。そうした方が、その「場」の雰囲気が和やかになって、ものごとがスムーズに運ぶ。［中略］「すみません」で良好な雰囲気の「場」ができあがると、それを壊すような態度はとりにくくなり、「いえいえ」と言わざるを得ない空気が醸しだされる。そして「いえいえ」と言うことでさらに良好な雰囲気が強化される。

（『「すみません」の国』）

榎本は、何かあったときに日本人は、「場」の空気や雰囲気を壊さないように「すみません」を多用するのだという。つまり、謝罪が相互の対立や葛藤を回避し、人間関係を円滑に進めるために必要なのだ。
鴻上尚史によれば、「「空気」とは「世間」が流動化した状態」である（『「空気」と「世間」』）。つまり空気とは、やや薄められた「世間」のことである。ここでいう「場」の空気もまた、「世間」の存在が背景にある。
このような状態になるのは、「相手の立場に自分を置き換えて、相手の気持ちに共感できてしまう」からであり、「『共感性が高い』のが、日本文化の大きな特徴の一つといってよい」からだという（『「すみません」の国』）。ニッポン人は「共感性が高い」ために、「すみません」という謝罪が必要になるという。

この国で謝罪は、人間関係を円滑にするための、いわば潤滑油になっている。だからそれは、法的責任を認めるかどうかとは、まったく関係ない事柄である。それ故、ニッポンの「世間」のなかでは、「場」の空気や雰囲気を良好に保つために、「すみません」と謝罪されたら、「いえいえ」と、その謝罪を受け入れなければならない同調圧力が生じる。

前述のように、「世間」には、「共通の時間意識」のルールから派生する「共感過剰シンドローム」がある。「共感性が高い」のは、個人がいないために、自他の区別や境界があいまいになり、他人のことでも過剰に感情移入し、その結果「我が事」のように思えてしまうからだ。「すみません」はその象徴である。

逆にいえば、これは対象への「共感」を、場合によっては理不尽に強制されるということでもある。そこから、人間関係において「場」の空気や雰囲気を壊さないことがもとめられる。私の大キライな「ＫＹ（空気読め）」という言葉は、〇七年ごろから若者の間で流行りだしたらしいが、まさにこの「場の空気を壊すなよ」という意味なのである。

だからこの国では、「すみません」という謝罪の言葉が、法的に責任があろうがなかろうが、ただちに発せられなければならない。これを一種の「謝罪文化」といってもよいが、この文化に従わない人間は「世間」から排除されるのである。

ところが欧米では、謝罪は原則して法に違反したときだけにおこなわれる。企業が不祥事をおこした場合の記者会見でも、釈明はするが謝罪はめったにしない。へたすると、あとで訴訟をおこされ、法的責任を問われたときに証拠となるからである。

それにしても、場合によっては、「アイムソーリー」といって謝罪しなければならないこともあるだろう。病院で患者が亡くなったときに、医師が「手は尽くしたが力が及ばなかった。アイムソーリー（お気の毒です）」と家族にいうような場合である。

それで、医師などが「アイムソーリー」といっても、あとで医療過誤訴訟で法的責任を問われないように、カリフォルニア州をはじめとしてアメリカでは、わざわざ「アイムソーリー法」が制定されているそうだ。「すみません」が人間関係を円滑するするために、謝罪以外でも頻繁につかわれるニッポンでは、およそ考えられないような話である。

英語とは社会の言葉であり、日本語とは「世間」の言葉である。「すみません」という同じ言葉のつかい方でも、「社会のルール」を前提とする場合と、「世間のルール」を前提とする場合ではまったくちがうということだ。

社会のルールは、基本的には「法のルール」であるから、謝罪は法的責任のみに関係する。しかしニッポンでは、あくまでも「法のルール」はタテマエにすぎない。ホンネは「世間のルール」にあるから、謝罪は「法のルール」に反した場合だけでなく、主要には「世間のルール」に反した場合におこなわれるのだ。

それ故、加害者家族が「世間」に謝罪しなければならないのは、自分たちが「法のルール」に反した違法行為をしたからではない。自分の家族が犯罪をおかして「人に迷惑をかけた」からである。つまり、「人に迷惑をかけてはならない」という「世間のルール」に反したからである。

ここで大事なポイントは、ニッポン人は「人に迷惑をかけてはならない」というルールを律儀に守ることで、第三章で触れたような、小宮のいう「高度な自己規制」をおこなっていることだ。これは「法のルール」ではない。「世間のルール」にすぎない。しかし、この「高度な自己規制」こそが、ニッポンの治安のよさを生みだし、同時に自殺率の増大を招いているのだ。

西欧社会であれば、「法のルール」に反した行為をおこなった本人以外には、責任を問われることはない。これが、近代法の個人責任・自己責任の原理である。責任はあくまでも個人に属する。社会は個人から成り立つ。だから、社会においては加害者家族が責任を問われることはない。

ところが「世間」においては、「法のルール」に反した行為は当然のことながら、「世間のルール」に反した行為の責任も問われる。つまり、犯罪行為は「法のルール」と「世間のルール」の二つのルールに反する行為であって、二重に非難されるような「極悪非道の行為」

となる。

しかも問題なのは「世間のルール」の中身が、「人に迷惑をかけてはならない」というような、きわめて漠然とした内容であるために、責任の範囲がまったく明確ではないことである。その結果、犯罪行為をおかした当人だけでなく、家族も「犯罪者を育てた責任」を問われ、「世間」にたいして加害者家族の謝罪が必要となるのだ。

2　なぜ、田口淳之介さんは土下座したのか

土下座は西欧社会では考えられない。ニッポンで、土下座のような異様な謝罪が頻繁におきるのは、西欧にはない「世間」がそれを要求するからである。私は、土下座をするのもさせるのも、「人間の尊厳」に反する行為だと思うが、それでも土下座がなくならないのはなぜか？

ある意味、土下座はニッポンの謝罪のあり方を典型的に象徴しているのだ。

二〇一九年六月に、大麻取締法違反容疑で逮捕された芸能人が保釈されたさいに、待ち構えていたメディアの前で、土下座して「世間」に謝罪したのはまだ記憶に新しい。

大麻取締法違反（所持）の罪で起訴されていた、元KAT―TUNメンバーの田口淳之

介被告（33）が保釈された。警察署から出てきた黒いスーツ姿の田口被告は、集まった報道陣に向かって大きな声で、「このたびは私が起こしました事件で、みなさまにご心配をおかけし、誠に申し訳ございません」と謝罪。「金輪際、大麻などの違法薬物、そして、犯罪に手を染めないことをここに誓います」と反省の弁を述べたあと、「本当に申し訳ありませんでした」と言いながら地面に頭をつけて土下座をしたのである。時間にして20秒の出来事だった。

（「デイリー新潮」電子版、二〇一九年六月十一日）

このニュースを最初に聞いたときに、すぐに思いだしたことがある。

私は、以前に『なぜ日本人はとりあえず謝るのか』という本を書いたことがあり、一応一般には「謝罪の専門家」（?）ということになっている。それで、土下座などの問題でテレビやラジオに出演したり、新聞などでコメントを求められることがある（じつはこの記事にも、私のコメントが掲載されている）。

そういうわけで、二〇一五年二月にTBSで放映された、『所さんのニッポンの出番！』という番組にビデオ出演した。そのときのテーマが「日本人はなぜすぐに謝るのか」で、土下座を含めたこの国の謝罪は「世間」に向けられたものだ、とコメントした。じつは、この番組にレギュラー出演していたのが、かの田口淳之介さんだったのだ。

事件の四年前の話である。してみると彼は、土下座の効用をこの番組で真面目に学習したのかもしれない（んなわけ、ないか）。

それはともあれ、記事によれば、田口さんの土下座には賛否両論がおき、「思わず失笑した」「パフォーマンスじゃないか」という人もいたし、「溜飲を下げた人」もいたという。しかしよく考えてみると、彼はまだ有罪が確定したわけではない。たんに起訴されただけで、これから裁判が始まるのにすぎないのだ。

しかし前述のように、ニッポンで謝罪は法的責任の有無とは関係なく頻繁におこなわれてきた。とくにそれが逮捕されたり、やったことが違法な行為であることが明白な場合には、さらに謝罪への圧力がつよまる。

これは、西欧社会のように、犯罪がたんに「法に違反した行為」とはみなされず、「世間」という共同体の秩序を害する行為とみなされるからである。犯罪をおかしたとされる者の謝罪が、被害者にたいしてだけではなく、害された「世間」の共同感情を修復させる行為として必要となるからだ。

とくにそれが「世間」によく知られている芸能人であれば、「世間」の非難感情はよりつよくなる。田口さんが、土下座までして「世間」に謝罪しなければならなかったのは、「世間」の共同感情を壊したからである。

すなわち、彼は人気歌手・タレントとして、これまで「世間」から好意的に支持されてきた。「世間」には、自他の区別がつかなくなる「共感過剰シンドローム」がある。それ故、テレビの向こう側での出来事であっても、あたかも自分におきた「我が事」であるかのように考える。

ところが、田口さんが「大麻取締法」に違反した疑いで逮捕される、というショッキングな、「世間を騒がす」出来事がおきる。彼をこれまで好意的に支持してきた「世間」の共感の感情は完全に反転し、「信じていたのに、裏切られた」という、彼を非難し攻撃する感情に変わる。

不思議といえば不思議なのだが、そうなるのは、自他の区別がなくなる「共感過剰シンドローム」の状態になるために、報道をみただけで、人々はそれで自分が「多大の迷惑をかけられた」と思いこむからだ。

なぜなら、ニッポンでは人々は家族のなかで、西欧とは異なり、「人に迷惑をかけてはならない」といわれて育ってくるからである。もちろん、犯罪も「人に迷惑をかける行為」なのだが、通常「犯罪をおかさないような人間になれ」とは親にいわれない。犯罪をおかすことはこの国では稀なことであり、それより、「世間に迷惑をかける」ことのほうを恐れるからである。

こうして「多大の迷惑をかけられた」ために、「世間」の共同感情が害され、「世間」は不安定な状態に置かれる。これが「世間を騒がせた」という状態である。「世間」はこの不安定な状態を解消し、害された共同感情を元に戻すために、彼にたいして、早急に「世間」への謝罪をもとめる圧力をつよめることになる。

「世間」は共同感情を害され、「多大の迷惑をかけられた」と思っている。だからこそ、法的責任の有無には関係なく、ただちに「世間」への謝罪が必要となるのだ。田口さんの保釈直後のメディアへの謝罪は、「世間」のそうした要求が背後にあった。

ではなぜ、それが土下座である必要があったのか？　端的にいって、それは土下座が「謝罪の最終兵器」だからだ。

近年、土下座が頻繁におこなわれるようになっている。二〇一一年におきた東日本大震災では、原発事故をひきおこした東京電力の幹部が土下座をしている。その年には、食中毒で死亡事件をひきおこした焼き肉チェーンの社長が、土下座して「世間」に謝罪した。

また土下座は、個人レベルでも頻繁におこなわれる。一三年に放映されたTBSドラマ『半沢直樹』では、主人公が上司に土下座させられるシーンで、視聴率を大幅に伸ばした。同年には、札幌市で衣料品店の店員に、土下座をさせて謝罪させた写真をツイッターに投稿した女性が、強要罪で逮捕され罰金刑の有罪となる事件がおきた。

ちなみに、刑法二二三条の強要罪の構成要件（犯罪が成立する要件）は、「生命、身体、自由、名誉若しくは財産に対し害を加える旨を告知して脅迫し、又は暴行を用いて、人に義務のないことを行わせ、又は権利の行使を妨害した」である。

「脅迫」して「人に義務のないこと」、つまり土下座をさせれば強要罪にあたる可能性がある。しかしいまや、強要されないまでも、「自主的」な土下座も、個人レベルで頻繁におこなわれるようになっている。

歴史的にみると、土下座は古くは「魏志倭人伝」(三世紀)に出てくるらしいが、もともと謝るという意味はなかったといわれる。身分の高いものにたいして身分の低いものが、自分の身分を示すものであった。しかも、現在のように「正座しておでこを地面につける」というのはなかったという。しゃがんだりするだけで十分で、江戸時代には大名行列のさいに、町人たちが行列の脇でウンコ座りをしていた記録がある。

ちょっとビックリするが、この動作が謝罪を意味するようになったのは、じつは近代以降だということだ。パオロ・マッツァリーノの『パオロ・マッツァリーノの日本史漫談』によれば、謝罪や懇願を目的に、ひれ伏して土下座することが庶民の間で広まったのは、昭和初期以降だという。彼は、昭和に入ると、時代小説に土下座の場面が頻繁に出てくるという。

一九九〇年代にはテレビドラマで盛んに描かれるようになり、不祥事をおこした企業が、謝罪会見で土下座するのが珍しくなくなった。マッツァリーノは、「〇〇年代以降、釈明より謝罪を求める風潮が強まり、土下座が乱発された」と指摘している(「朝日新聞」二〇一二年二月二十二日)。たしかに私の実感でも、土下座が異様に氾濫するようになったのは、このころだと思う。

具体的には、企業がメディアの前で土下座するようになったのは、九六年に薬害エイズ事件をおこした「ミドリ十字」の幹部が、記者会見で土下座したあたりからだったといわれる。あとで詳しく説明するが、このころから、ニッポン全土を席巻した「グローバル化＝新自由主義」によって、「世間」が復活・強化したことがこの背景にある。

すなわち「世間」は、「新自由主義」に基づく競争的環境に叩きこまれることで、お互いに競争を強いられ、つよいストレスをためこんでいった。そのため人々は他人のミスや不祥事にたいしてきわめて不寛容になり、「土下座しなければ許さない」という空気が広がっていったのだ。

個人的にせよ、企業が記者会見などで公的にやるにせよ、土下座をされた場合、ふつう私たちはまず、かなり戸惑うキモチになる。とりあえず、「まま、お手を」といって止めようとするだろう。戸惑うのは、それがどこか人間性に反する行為であることを、なんとなく感じているからだ。

とくに欧米人には、理解できないと思う。なぜなら、個人の存在を前提とする西欧社会では、それが明確に「人間の尊厳」に反する行為だと考えられるはずだからだ。

たとえば、EUは死刑廃止の理由として、「いかなる罪を犯したとしても、すべての人間には生来尊厳が備わっており、その人格は不可侵である。人権の尊重は、犯罪者を含めあらゆる人に当てはまる」と語っていて、死刑制度が「人間の尊厳」に反するからだという。

ここのところがものすごく重要なのだが、じつはこの「人間の尊厳」という考え方が、ニッポンではほとんど通用しない。なぜなら、社会societyを構成する個人individualは、もともと「人間の尊厳」と一体となった言葉として輸入された。しかし、すでにのべたように、現在でも社会も個人も言葉としてはあるが、実体としてほとんど定着していないからである。

私は、個人的にせよ公的にせよ、土下座をするのもさせるのも、「人間の尊厳」に反する異常な行為であり、即刻やめるべきだと思っている。ところが、ニッポンではこの点が、ほとんど理解されない。いま土下座が氾濫しているのは、「人間の尊厳」いう歯止めがまったく効かないからである。いいかえれば、「世間」では「尊厳」をもつ個人が存在しないからである。

3 謝罪の場には神が存在する

土下座は「人間の尊厳」に反する行為である。にもかかわらず、土下座が一向になくならないのはなぜか?

私は、それが一定の「有効性」をもっているからだと考えている。その意味で土下座は、「謝罪の最終兵器」といってもよい。

たしかに、田口さんの土下座についても、「思わず失笑した」とか「パフォーマンスじゃないか」という感想があった。一般に土下座が、心から謝罪するという誠意のあらわれ、と考える人はほとんどいないと思うし、その場を切り抜けるための、たんなる処世術の一つにすぎない、と考える人が多いだろう。

しかし、たとえば、二〇一一年に約七〇万部を売り上げたマンガ『どげせん』では、土下座を武器に難題を切り抜けてゆく高校教師が描かれる。ひたすら頭を下げて、要求を押し通す姿が描かれる。たしかに私たちは、突然土下座されて何か無理な要求をされた場合、それを一種の暴力と感じる。つまりそれは、そこに「有効性」があるということだ。

その「有効性」はどこから来るのか？

「人間の尊厳」を無視した捨て身な姿勢、というのが他人をして、「まま、お手を」とビビらせるのかもしれない。だが、それだけではなく、ここにニッポンの謝罪一般にかかわる、より大きな問題がひそんでいる。

この点で、興味深いバッシングがおきたことがある。〇三年におきた「熊本県元ハンセン病患者宿泊拒否事件」である。

熊本県が国立療養所の元ハンセン病患者を、熊本・黒川温泉に招待しようとしたところ、ホテル側から「他の客に迷惑がかかる」ことを理由として宿泊を拒否された。そのために、熊本県は記者会見でホテル名を公表し、旅館業法違反容疑でホテルを告発した。

公表後、ホテルの総支配人が療養所に出向き宿泊拒否を謝罪したが、それが「個人の謝罪」だとして本社の責任を明確にしなかったために、入所者側が謝罪を拒否した。ところがそれがテレビなどのメディアで報道されると、「世間」からの療養所への激しいバッシングがおきた。当時の新聞を引用しておこう。

入所者側は謝罪文の受け取りを拒否。この場面がテレビのニュースで放映されると、その後三日間にわたり全国から百本以上の電話がかかってきた。「ほとんどが批判、中傷でした。『ごう慢だ』『裁判に勝ったって社会は受け入れてない』などで、年配の人が多かった」

電話が一段落すると、手紙が届くようになった。こちらも中傷のほうが多い。「これはひどかった」と太田さん（引用者注―入所者自治会長）がいう。はがきの中央に、変形した顔の写真をはり付けたはがきがあった。「人々に嫌悪され、国が差別していたのを謝罪したのをたてにとりいい気になっているが、中央の写真を見よ。これが他の人間と同様か」

その他の手紙にも、入所者らの気持ちを刺すような言葉が並ぶ。「調子に乗らないの」「謝罪されたら、おとなしくひっこめ」「私たちは温泉に行く暇もなくお金もありません。国の税金で生活してきたあなたたちが、権利だけ主張しないでください」―。差出人は名前が書いてあるものもあるが、「善良な一国民」「女性代表」など、匿名も目立つ。

（「東京新聞」二〇〇三年十二月五日）

ひどい話だと思うが、このバッシングの底流には、ハンセン病にたいする歴史的差別がある。

患者の強制隔離政策を進めた「らい予防法」が、憲法に反する患者への差別であったことを裁判所が認めたのは〇一年であった。これにもとづき、当時の小泉首相と坂口厚労大臣が元患者に謝罪している。投書にある「国が差別していたのを謝罪したのをたてにとりいい気になっている」というのは、このときの国の謝罪を示している。

もちろん、ホテル側の宿泊拒否は違法な行為である。旅館業法五条にいう、宿泊拒否できるケース（①伝染性の疾病、②賭博などの行為をするおそれ、③宿泊施設に余裕がない、その他条例で定めがある）ではないからだ。入所者はハンセン病の「元患者」であって、とっくに治癒している。感染する心配などまるでないのだ。それを知りながら、ホテル側があえて宿泊を拒否したのは、「風評被害」を恐れたからであろう。

「世間」には「共通の時間意識」のルールがあり、ウチとソトをはっきりと区別し、ソトの人間を「あかの他人」として差別し排除する。「みんな同じ時間を生きている」と考えるために、多様な個人が存在せず、すこしでも規格をはずれ、「ふつう」でない人間を差別し、排除する傾向がつよい。

またこの差別の根底には、「呪術性」のルールにもとづくハンセン病へのケガレの意識がある。たとえば、ガンのような重い病にかかっていることを職場で公表したときに、とりあえず同情されることもあるが、多くの場合仕事を続けにくくなるのは、病気が職場でケガレとみなされるからである。元ハンセン病患者へのバッシングの根底には、こうした「世間」に内在する差別と排除の構造がある。

そして、投書のなかの「権利だけ主張しないでください」というセリフは、「世間」では権利も人権も通用しない、という現実そのものを投影している。つまりここでは、right としての権利は悪い意味でつかわれていて、「権利＝正しい」という本来の意味は、どこかにふっ飛んでいるのだ。

さらに、「世間」には「共通の時間意識」に由来する「人間平等主義」があるために、ちょっとでも自分よりいい生活をしている人間をみると、「なんであいつだけが」となる。すなわち、前述したように、じとじとした「ねたみ・そねみ・ひがみ・やっかみ」の意識がある。

これはニッポンに独特の「ねたみ」であるといってよい。「私たちは温泉に行く暇もなくお金もありません」という、ある意味正直な投書のセリフが、「なんであいつだけが」という、この「ねたみ」の構造を示している。西欧社会とは異なり、「世間」では「自分は自分。他人は他人」と思えないのだ。

この「ねたみ」意識がやっかいなのは、「世間」には「人間平等主義」に加えて、地位や収入や学歴などの上下関係で、人間を評価し序列化する「身分制」があるからだ。

すなわち、「人間平等主義」は主観的なものだが、そうは思っていても、客観的には「身分制」という上下関係の現実がある。つまり、「平等」という主観的意識と、「身分」という客観的現実の間に「ねじれ」があって、この「ねじれ」が、ニッポンに特有の強固な「ねたみ」意識を生みだしているのだ。

この意識は、一九六〇年代の高度経済成長期をへて七〇年代ぐらいまでは、中間所得層が厚く、社会的格差がそれほど目立たない「一億総中流社会」であったので、大きな問題にはならなかった。

ところが、つぎで詳しく説明するが、八〇年代の「バブルの時代」をへて、とくに九〇年代末の「グローバル化＝新自由主義」の登場によって、中間所得層が減り低所得層が増えることで、社会的格差がどんどん拡大してゆき、「ねたみ」意識が極端なまでに肥大化してゆくことになった。

近年おきるバッシングのほとんどには、その根底に、このやっかいな「ねたみ」意識があるといってよい。

たとえば、一六年四月に熊本地震がおきたときに、タレントの紗栄子さんが、熊本県に約五〇〇〇万の義援金を出したことをインスタグラムで公表した。ネットではおおむね好意的な意見が多かったが、一部で、「わざわざ投稿する必要ないと思いますけど」「金額をいうのは下品」「偽善と売名の臭いがする」などという批判が出た。

欧米だったら、善意の寄付が批判されることなどありえない。ここには、高額の寄付にたいする「ねたみ」意識が根底にあると考えるしかない。

さらに「世間」には「贈与・互酬の関係」のルールがあるために、寄付のような見返りを求めない「無償の贈与」が成り立ちにくい。「世間」が「偽善と売名の臭い」などと勘ぐるのは、贈与には必ず「見返り」があると信じているからである。

話を戻そう。問題の要点は、バッシングがホテル側の謝罪を拒否したことからはじまったことである。これは、心から謝罪しているとは思えないような、どんな誠意のない謝罪であっても、謝罪そのものに有無をいわせないような、ある種の「有効性」があることを示している。つまり、「世間」はバッシングを通じて、入所者側に謝罪を受け入れるように同調圧力をかけている。

唐突に聞こえるかもしれないが、じつはこの謝罪の「有効性」は、「世間」の「呪術性」のルールにもとづくものである。ようするに、「謝罪の場」には神が存在するのだ。ホテル側が療養所で謝罪したときに、そこには謝罪の対象としての入所者と、それを取材するメディアがいた。謝罪は、直接的には入所者に向けられたものだが、同時にそこに存在する神にも向けられていた。

神といっても西欧社会の一神教とは異なり、ニッポンの場合、多神教の「八百万の神」であり、特定のものではない。しかし、何を信じているかは明確でないにしても、多かれ少なかれニッポン人は信心深い。信心深いという点では、欧米のキリスト教国と変わらない。

信心深い「世間」が、このニュースをテレビなどの報道でみたときに、神に向けられた謝罪を拒否した療養所側の態度に、カチンときたはずだ。これで、もともとあったハンセン病にたいする差別感情に火がついたというのが、このバッシングの本質ではないか。

そうすると、「謝罪の最終兵器」である土下座が拒否できないのも、「土下座の場」には神が存在するからだ、ということになる。土下座は当事者だけでなく、ニッポンの「八百万の神」にも向けられている。

先述の『どげせん』では、土下座する場面が神秘的に、一種の宗教的儀式のように描かれている。土下座の言葉は神主の祝詞のように響く。その言葉は一種の呪力をもつ。ニッポンでは言葉は伝統的に「言霊」と呼ばれ、言葉が一種の霊力をもち、発せられる言葉の内容通りの状態を実現するチカラがあると信じられてきた。これは、土下座が神に向けた儀式性・宗教性・呪術性を帯びていることを示している。

かくして、ニッポンの「呪術性」のルールが、いかにやっかいなものであることが、わかっていただけただろうか。第三章では、バッシングの背景には、「世間」の加害者家族へのケガレの意識があったことを確認した。問題はこれが、謝罪をめぐっても、加害者家族へのバッシングの根底にあることである。

4　壊れはじめた自殺大国ニッポン

加害者家族は、自殺にまで追いこまれることが稀ではない。

もともとニッポンは、先進工業国のなかでは最悪レベルの自殺率を誇る自殺大国である。とくに二〇～三〇代の若者の自殺率が高く、死因の第一位になっていて五〇％を超えている。一九九八年に、それまで年間二万人台であった自殺者が突如三万人を超えた。その後二〇一一年まで三万人台が続いた。現在でも二万人近くの人間が自殺する。

ここで自殺率の国際比較を簡単にみておこう。二〇一五年のＷＨＯ（世界保健機関）の統計で、ニッポンは人口一〇万人あたりの死亡者数が一九・七。世界的にみると一八位の高さである。

ちなみに、ニッポンより自殺率が高いのは、韓国が二八・三（四位）とかなり高いが、あとは、三五・三のスリランカ（一位）、三二・七のリトアニア（二位）、二〇・一のロシア（一六位）など、発展途上国と東欧諸国がほとんどである。

他の先進工業国を拾いだしてみると、フランスが一六・九（二六位）、スイスが一五・一（三五位）、アメリカが一四・三（三九位）、ドイツが一三・四（四五位）、ニュージーランドが一二・六（四七位）、オランダが一一・九（五二位）、オーストラリアが一一・八（五五位）、ノルウェーが一〇・九（六四位）、イギリス・スペインが八・五（九一位）などである。

つまりこの国の自殺率は、先進工業国のなかで韓国を除けば、もっとも高いことがわかる。きわめて不名誉なことだが、過労自殺を含む日本語の「過労死」という言葉は英語に翻訳できず、karoshi がそのまま英語の辞書に載っているくらいだ。英語圏では、労働は生きるためにするものであって、それで死ぬなどとは、およそ考えられないからである。

ところでニッポンでは、自殺未遂者が年間五〇万人以上いるという推計がある。とすれば、自殺者はもっと多いのではないか？

じつは、ニッポンの公式の自殺率は意図的にかなり低く抑えられているのではないか、との説がある。この自殺率には、本来国際的なＷＨＯの統計で含まれるはずの変死者（の半分？）が含まれていないので、じっさいの自殺者の数ははるかに多いはずだというのだ。真偽のほどはわからない。

しかし私の実感でいえば、首都圏の電車が「人身事故」（自殺あるいは自殺未遂）でしょっちゅう止まっているのをみると、自殺者の数は、公式統計よりはるかに多いのではないかと思う。

この点で、『日本を滅ぼす〈世間の良識〉』を書いた森巣博が、面白いことを指摘している。すなわち、一般にいう「変死体」、つまり警察用語でいう「警察取扱死体」は、自殺者が三万人台を突破した九八年には九万体台であったのが、〇八年には約一六・一万体と急増している。この一六・一万体のうち、犯罪に関係することが明らかな「犯罪死体」（約九〇〇体）、犯罪が原因である疑いがある「変死体」（約一・五万体）を除くと、残りの「非犯罪死体」は約一四・五万体である。

この「非犯罪死体」のなかには、病死などの自然死以外に、自殺者も含まれる。ところが、九八年～〇八年の一〇年間に自殺者は、ほぼ三万二千人前後を推移して変わらない。ということは、「非犯罪死体」だけが増え続けたことになる。このなかには確実に自殺者が含まれるはずだから、ほとんど変動していないという自殺者の公式統計にはウソがあるはずだ、と。

ようするに、公式統計が操作されているのではないかというのだ。ちなみに、〇八年の「非犯罪死体」一四・五万という数字の半分を、自殺者の統計に加えるとすれば、自殺者全体の数は一〇万人を突破する。おそらくこれは、統計上は世界一の自殺率となる。

何が問題なのか。森巣の言葉を借りれば、「警察官の任意捜査によって、遺体は分類整理され」るからである。つまり警察によって、遺体は恣意的に振りわけられているわけで、公式統計の自殺者の数が操作されているのではないか、という疑いは拭えない。

いずれにしても、先進工業国のなかでは、この国は圧倒的に自殺率が高いことはたしかである。先ほどみたように、殺人率は世界一といってよいほど低い。つまりニッポンは、他人を殺すことはほとんどしないが、そのかわりに自分を殺す。殺害のベクトルが、他人ではなく自分に向けられる。

これにたいして他の先進工業国では、ニッポンよりはるかに多く他人を殺すが、自分を殺すことは少ない。つまり、殺害のベクトルが、自分ではなく他者に向けられる。

端的にいってそれは、ニッポンには「世間」があるために、「空気読め」などの同調圧力がつよく殺人率は低く抑えられる。だが、空気を読みすぎるなど、もともと同調圧力によるストレスが蓄積しているのに、その上「高度な自己規制」をして自分を抑えるので、ますますストレスがたまり、自殺率が高くなるのだ。

くり返すが、九八年に突如自殺者が三万人を超えた。私は、この九八年が「世間」のありかたにとっても、大きなターニング・ポイントになっていると考えている。どうもこの国は、このあたりから本格的に「壊れはじめた」のではないか。

どういうことか？

「世間」はもともと、近代化＝西欧化によって消滅してゆくと考えられた。つまり「世間」は、ヨーロッパでおきたように、徐々に社会に変わってゆくと考えられてきた。たしかに明治時代以降現在までに、相当程度伝統的なものが失われ、「世間」はある程度解体され、社会の後景に退いた。

この明治時代の急速な近代化＝西欧化が、「第一の開国」と呼ばれるものである。とはいえ、忘れてはならないのは、ニッポンでは、とくにヨーロッパにおけるキリスト教の支配などの歴史的経験がなかったために、近代化が進行しても、社会も個人も十分に形成されなかった点である。

明治以降一五〇年ほどすぎて、たしかに「世間」はある程度解体されてきた。社会も個人も言葉としては受け入れられてきた。ところが、一九九〇年代に入って、全世界的な「新自由主義」による「グローバル化」の大波を受け、ニッポンでも「第二の開国」と呼ばれる、とてつもなく大きな変化がおきる。

これは明治時代の「第一の開国」に匹敵するような、きわめて大きな出来事であった。世界史的には「後期近代」と呼ばれる時代に、ニッポンも突入する。一番の問題は、「グローバル化＝新自由主義」によって職場に成果主義が浸透し、年功序列制・終身雇用制の日本型雇用が九七年ぐらいから崩壊しはじめる。その結果、職場でお互いに過酷な競争を強いられ、「つよい個人」になることを要求されたことである。

会社もまた「世間」に他ならない。そもそも「世間」には個人など存在しないために、「つよい個人になりなさい」といわれても、それは想像を超える無理難題を、私たちに強いることになる。「世間」はストレスをためこみ、その結果が、九八年の自殺者の急増であり、四四・一万人（九九年）から七七・一万人（〇二年）という、うつ病の患者数の激増である。

また九八年には、支払い給与総額が減少しはじめ、実質GDP成長率がマイナス一パーセントとなる。山田昌弘は、このあたりで歴史的転換が生じたとして、「日本社会において希望がなくなる、つまり、努力が報われる見通しを人々がもてなくなりはじめたのが、一九九八年だと私は判断している。私はこれを、一九九八年問題とよぶことにしたい」という（『希望格差社会』）。山田は、ここで人々の「希望」にひどい「格差」が生じはじめたという。

九八年以降、いったい何がおきているのか？

ＮＨＫ放送文化研究所が、五年ごとに日本人の意識構造についての調査をおこなっている。それによれば、一九七三年以降一貫して「伝統離脱」方向を向いていた日本人の意識が、九八年〜〇三年の間に動きがにぶり、〇三年〜〇八年には完全に逆転して「伝統志向」となり、その傾向は〇八〜一三年の間にはつよまっている（『現代日本人の意識構造〔第八版〕』）。

つまりこれは、九八年〜〇三年あたりがターニン・ポイントとなっていて、はっきりと「保守化」がはじまっていることを示している。裁判における量刑の重罰化や、死刑の宣告数や執行数が増えてゆく、刑事司法の「厳罰化」がおきはじめるのもこのころである。離婚、できちゃった婚、児童虐待、不登校の増加傾向に拍車がかかるのも、このころである。

そのころこの国は、何かとてつもなく大きな曲がり角にさしかかっていた。ニッポンは「厳罰化」に代表されるように、それまでもっていた他人への「寛容さ」を失ってゆくのだ。その結果が、「世間」の閉塞感・息苦しさ・生きづらさの増大である。その背景にあったのが、それまである程度解体が進んできた、伝統的な「世間」の復活・強化である。

この「グローバル化＝新自由主義」の象徴といえる、小泉首相による〇五年郵政民営化選挙をめぐるニッポンの状況について、森巣がつぎのようにいう。

そして、総選挙の結果はご存知のごとく。小泉、圧勝。日本は、まるでファシズムに支配された社会のようだった。おっと、この言い方は正しくないな。書き直そう。日本は、社会が消滅して、世間が席巻《せっけん》した状態だった。「社会」にはそれを成立させるための論理がある。ところが、「世間」に論理は不要だ。「世間」は、基本として論理ではなくて情動で機能する。（『日本を滅ぼす〈世間の良識〉』）

〇一年に成立した自民党の小泉政権は、「グローバル化＝新自由主義」を推し進めるために、構造改革・規制緩和路線を強力に進めた。その結果が、低賃金の非正規労働の増加であり、社会的格差の拡大である。しかし小泉政権は圧倒的に支持された。

ここで森巣のいうように、この時代におきたことは、まさに「社会が消滅して、世間が席巻した」ことである。

ようするにこの国は、西欧から入ってきた、「新自由主義」的な「つよい個人になりなさい」という無理難題に直面して逆ギレし、それまで社会の後景にあった「世間」を顕在化させた。「世間のルール」を肥大化させることで、「グローバル化＝新自由主義」に対抗しようとしたのだ。

「法のルール」に支配される社会は論理的だが、「世間のルール」に支配される「世間」は非論理的で情動で動く。そのために、「世間」に生きることの閉塞感・息苦しさ・生きづらさが飛躍的に大きくなった。その結果が、「世間」の同調圧力の肥大化による自殺者の急増であり、うつ病患者の激増である。

つけ加えれば、ニッポンではこうした「世間」の復活・強化というかたちであらわれた「グローバル化」の影響は、全世界的には、たとえば、二〇一六年にイギリスでEU離脱が国民投票で決まり、一七年にアメリカで大統領にトランプが当選したことにあらわれている。つまり人種・民族・宗教といった古い共同体への回帰である。

A・ギデンズの言葉を借りれば、これは「後期近代」への突入とともにおきた「再埋め込み」の現象である。すなわち、前近代社会は宗教や共同体への「埋め込み」を中心とする時代であった。しかし近代には、それまで自分を縛っていた宗教的世界や古い共同体から脱却する「脱埋め込み」の現象がおきる（『近代とはいかなる時代か?』）。

ところが近代の果て、つまり一九九〇年代以降の「グローバル化=新自由主義」が全面化する「後期近代」にいたると、近代の人間関係のバラバラ化への不安感が生じ、そのため再度宗教的世界や共同体への回帰現象が生じる。これが、古い共同体へ係留先を求める「再埋め込み」である。

西欧社会では、この「再埋め込み」が、移民排斥や人種差別や宗教的対立などの現象としてあらわれた。ところがこの国では、海外ほど人種・民族問題や宗教的対立が深刻でないために（もちろん「ヘイト・スピーチ」のような問題はあるが）、古い共同体としての「世間」への回帰が生じ、「世間」が復活・強化されていったのだ。

九八年以降、「グローバル化＝新自由主義」の浸透によって、この国でも「世間」への「再埋め込み」がおきたわけだ。その結果が、自殺者の急増とうつ病の激増であった。それから二〇年以上たつが、現在という時代は、あきらかにこの延長線上にある。

ではいったいなぜ、この国ではこんなにも自殺者が多いのか？

内閣府の二〇一〇年の調査で自殺の理由・動機をみると、約半数が「健康問題」であり、ついで「経済・生活問題」が「健康問題」の半分ぐらい、そのあとは「勤務問題」「男女問題」「学校問題」が続く。興味深いのは、もっとも多い「健康問題」の内訳をみると、「病気の悩み・影響（うつ病）」が半分を占めていることだ。

自殺の第一の理由の「健康問題」が「うつ病」といわれて、なんとなく納得してしまうかもしれない。だが、よく考えてみると、「うつ病」というのは、他の「経済・生活問題」「勤務問題」「男女問題」「学校問題」などの「結果」として生じるのであって、それが自殺の「原因」というのはおかしい。

自殺者は大なり小なり「うつ」的になっているのだから、「うつ病」を自殺の原因というのなら、ほとんど全部「うつ病」のせいで自殺することになる。他の理由・動機としての「経済・生活問題」「勤務問題」などとは意味が異なり、この理由は原因論になっていないのだ。

そうした観点からみると、自殺の理由・動機として一番多いのは、「経済・生活問題」である。この調査によれば、「健康問題」が全世代にわたって目立っているが、とくに働き盛りの四〇~五〇歳の男性では、「経済・生活問題」が最多になっている。

先にのべたように、九八年以降の「グローバル化=新自由主義」によって、自殺者が急増し、うつ病患者が激増してゆくのだが、その背景には職場での日本型雇用の崩壊や非正規雇用の増大や年収の減少があった。さらには貧困層の増加という、ロコツな格差社会の拡大もある。つまり、「経済・生活問題」の深刻化があった。

とくにニッポンの場合、中小企業の経営者は、経営に行き詰まった場合、個人資産を担保にしないと融資が受けられない。その結果、経営に失敗すると個人資産まで失う。個人資産まで失うのは、先進工業国ではこの国ぐらいらしい。

こうして倒産や破産に直面すると、借金を返せないという問題が生じる。借金を返せないということを、社会の「法のルール」という観点からいえば、たかだか法的な契約不履行の問題にすぎない。ようするに、自己破産して踏み倒せばよろしい。「法のルール」が支配する西欧社会だったらそう考える。

ところがニッポンの「世間」には「贈与・互酬の関係」というルールがあり、借金は一種の贈与と考えられる。これが「法のルール」より優先される。贈与にたいしてはかならず

「お返し」をしなければならない。「世間」の「贈与・互酬の関係」をきちんと守ってゆかなければ、その人間の人格評価に関わってくるからである。

阿部は、この「贈与・互酬の関係」がもつチカラについて、つぎのようにいう。

わが国では、サラ金などから借金をして返せなくなった人が強盗事件を起こすといった種類の犯罪があとを絶たない。「金の無いは首のないに劣る」などという諺もあり、借金を返せないでいると世間から排除されてしまうことへの恐怖が、こうした行為の背後にはある。世間という集団の中で無事に生きていくためには、互酬関係をきちんと結んでいく必要があり、贈答儀礼を守ることが世間を生きる人間にとって何よりも大切な義務となっている。

（『「世間」とは何か』）

この国では借金ということが、場合によっては強盗事件の動機になるほどの、異様な強制力をもってしまう。借金を返せない人間は、「世間のルール」を守ってゆけない人間として、「世間」からつまはじきにされ排除される。その結果借金を返せない場合、蒸発してホームレスになるか、「ご迷惑をおかけします」という遺書を残して自殺するしかない。

ニッポン人は「世間を離れては生きてゆけない」と固く信じており、「世間」から後ろ指をさされたり、排除されることを極端に恐れている。借金を返せない場合、それは「世間」

にたいして「恥」であり、「世間体が悪い」ことになる。

つまり、海外にはない強固な「贈与・互酬の関係」という「世間のルール」が、ニッポンの自殺の大きな促進要因になっているのだ。この国は自殺者が急増した九八年以降、どんどん壊れはじめている。閉塞感・息苦しさ・生きづらさが増している。加害者家族が自殺に追いこまれるのは、こうした「世間のルール」が複合的に作動しているからである。

5　なぜ、親子心中がなくならないのか

加害者家族と自殺の問題を考える場合、避けて通れない問題がある。親が子どもを殺害し自殺する親子心中である。

しかもすでに触れたように、欧米とは異なり、この国では殺人の半分以上は親族内で生じる。つまり、あかの他人より家族や親族を殺害する確率が高いのだ。それは、大きくみれば、ニッポンの家族が〈近代家族〉として成熟していないことに起因する。

最近おきた心中事件の新聞記事を引用しておこう。


18日午後9時5分ごろ、相模原市南区鵜野森2丁目の集合住宅の一室で、帰宅した会社員の男性（48）が、首をつった状態の妻（47）と倒れている中学3年の長男（15）を発

見し、119番通報した。2人は搬送先の病院で死亡した。

相模原南署によると、長男の首にはひも状のもので絞められた痕があった。長男は16、17日に県立高校を受験しており、「体調が悪くてうまくいかなかった」と話していたという。同署は心中の可能性もあるとみて調べている。

長男が通っていた中学校によると、17日朝に母親から「熱がある」という電話を受け、同校は受験先の高校に連絡。他の受験生と別の部屋で面接試験を受けた後、病院でインフルエンザの診断を受けていた。

併願の私立高校には合格していたといい、同校の校長は「高校生活を楽しみにしていた。もうすぐ卒業だったのに」と肩を落とした。

（「神奈川新聞」電子版、二〇一六年二月二十日）

典型的な母子心中事件であるといえる。理由は、子どもの受験がうまくゆかなかったからだというが、よくわからない。この事件では、母親が息子を絞殺したのち、首をつって自殺したらしい。よく注意してみていると、三面記事の扱いにせよ、きわめて頻繁にこうした報道があることに気づく。

歴史的にみると、親子心中事件のうちとくに母子心中は、大恐慌による失業や家庭の不和を背景として、大正中期から末期にかけて急増し社会問題化したという。香山リカの『ニッ

ポン　母の肖像』によれば、このころ母子心中にたいして「これぞ母性の発露」と一部で肯定する声が上がり、美談として語られたことがあったという。

第二章で確認したように、ヨーロッパで生まれた〈近代家族〉の特徴の一つに、「夫は外で仕事。妻は家で家事と育児」という性別役割分業＝家父長制があった。これは女性にたいして、家庭においては愛情をこめて子育てをする「母性愛にみちた母親」という像を製造した。ここにあったのは、「家庭教育は母親一人の責任」とか「母子は母性愛によって一体化している」とする考えであった。

とくに大正年間には都市勤労世帯が登場し、職住の分離がおきた。それによって、男性は仕事に行き、女性は家にいて育児に専念するという家族形態が登場する。当時、母子心中が「美談」とされ「母性愛」が強調されたのは、こうした背景があった。

それに加えてニッポンにおいては、当時強固な「家」制度が存在したから、女性の地位はきわめて低く、こうした役割の一方的押しつけが正当化された。この国における「家」制度と〈近代家族〉の性別役割分業は、相互に補完的役割を果たしたといえる。

ここでは詳細に触れないが、この大正時代に成立した「母性愛」というイデオロギーは、「家」制度が消滅した戦後においても、「いえ」の意識がのこり続けたため、連綿と生きのこることになった。現在でも「母性愛」神話は、依然として多くの女性を強迫している。

公式統計がないので詳細はわからないが、現在でも親子心中事件はかなりの数にのぼることはたしかである。もちろんニッポンには、母子心中以外にも、父子心中もあるし、一家心中もある。だが、その数からいえば、母子心中が圧倒的に多く、半分を占めるという報告がある。

阿部謹也は、ニッポンの一家心中について、つぎのように批判する。

新聞紙上で一家心中の記事を読むたびに何とも表現できない怒りのようなものが胸中にこみあげてくる。この思いは心中した人びとにむけられているのではもとよりなく、このような人びとを一年に千人以上生みだす日本の社会に対する、やり切れない思いなのである。

ヨーロッパの新聞で心中の記事をみることはまずないといってよいだろう。心中という言葉すらないのである。せいぜい情死のばあいに複数自殺を示す言葉がある程度であって、わが国のように幼い子供を道連れにした親子心中がほとんど毎日のように新聞紙上でみられるという状態は、異常といわなければならないだろう。［中略］

新聞報道を読む者の側でも、偶然助かった子供について、「幼い子供一人残して旅立ってしまった」とか「三歳の子供一人とり残された」などという言葉が、つい口から出てしまうことがある。まるで一人残されたことが不幸なことであるかのように受け取れる発言を、耳にすることがある。ヨーロッパなら必ず「一人だけ助かった」というであろう。このような違いに注目するとき、私たちは日本人の現世意識にひとつの問題があると考えざるをえないのである。

（「逆光のなかの中世」）

阿部は怒っている。考えてもみれば、海外と比較して殺人事件自体は圧倒的に少ないのに、心中事件や家族内殺人が多く目立つのは、かなり異様な光景である。阿部は「日本人の現世意識」に問題があるといっているが、たしかにこの国は、どこかで何かが奇妙に「壊れている」のだ。

助かった子どもについて、ニッポンで「幼い子供一人残して旅立ってしまった」とか「三歳の子供一人とり残された」と語られるのは、子どもが一個の人格ではなく、「家」の一部としてしか考えられないからである。逆にヨーロッパで「一人だけ助かった」といういい方になるのは、子どもは一個の人格や個人としてとらえられるので、心中は通常の殺人事件として考えられるからだ。

阿部は、ヨーロッパでは一家心中はほとんどみられないという。ただし西欧社会でまったくないのかといえば、そうでもないらしい。稲村博の『自殺学』によれば、親子心中は世界に広くみられる現象であるが、欧米の考え方によれば、死因分類のなかで殺人か自殺のどちらかに含まれてしまうために、心中事件としてはとらえられていないだけだという。

とはいえ、はっきりしていることは、ニッポンと西欧では、心中にたいする考え方がまるでちがうことである。西欧で心中は、殺人か自殺かのどちらかのカテゴリーに入れられる。特別なものであるとの認識がないのだ。ところがこの国では、心中は特別視され、殺人でも自殺でもないべつのカテゴリーに入れられる。

もともと心中は江戸時代にはじまる言葉で、「しんちゅう」、つまり心の中の意味であった。相愛の男女が誓紙を書いたり、指を切ったりして愛情の変わらぬことを示すものであったという。それが男女が一緒に死ぬ、つまり情死の意に転じ、親子の自殺にも拡大使用されるようになったものである。

西欧とニッポンでの、母子心中のとらえ方のちがいについて、一九八五年にアメリカのカリフォルニア州サンタモニカでおきた日系人の母子心中事件を紹介しながら、有地は以下のようにいう。

七年前に日本からロサンゼルスに移住し、日本食レストランを経営するA男（四十歳）と結婚したB女（三十二歳）は二人の子C（四歳）、D（六カ月）をもうけたが、A男に愛人がいたのを知って前途を悲観し、サンタモニカの海岸で、CとDを両わきに抱えて入水自殺を図った。ところが、子ども二人が死亡、自分は救助されて生き残ったために、殺人罪と幼児虐待罪で起訴され、カリフォルニア州サンタモニカ市裁は、計画性があったとする検察側の主張を容れ、上級裁判所で第一級殺人罪を問う公判に入る決定を下した。公判の結果、殺意のある複数殺人で有罪と決まれば、B女は死刑または無期懲役に処せられることになる。米国では、親子無理心中は子殺しであり、親が子どもの生きる権利を奪ったならば、第一級殺人罪に問われることになる。裁判所は親が子どもを残して苦労させるよりも、一緒に道連れにした方がよいと考える日本的心情を理解すべきで、B女にはあまりに酷と、「B女被告を救う会」が日本から移住した新一世の人びとで結成されたと伝えられる。その後、B女は有罪を認めることで重罪を避けようと試み、二段階下の殺人にかえられ、昭和六十年十一月末、禁錮一年保護観察（執行猶予）五年の軽い刑の言い渡しを受けた。この事件は、子殺しについて日本と西欧の考え方の違いをはっきりと示したものである。

（『日本の親子二百年』）

母子心中で母親が生き残るケースがある。そうなった場合、母親は殺人罪で起訴される。二人の子どもを殺害したこのアメリカの事件では、「救う会」の減刑嘆願運動があり、被告が有罪を認めることで、二段階下の刑になり、執行猶予つきのきわめて軽い判決になった。が、あくまでもこれは例外である。

通常アメリカでは、生きのこった母親は、第一級殺人罪という重い刑で処罰される。それは、子どもは無垢で罪や汚れのない存在であり、弱者を殺害することは、大人を殺害するより責任非難の度合いが重いと考えられるからである。さらに、子どもは個人として権利をもった主体としてとらえられ、心中は子どもの「生きる権利」を奪うことになるからである。

ヨーロッパで生まれた〈近代家族〉は、夫婦にせよ、親子にせよ、一人ひとり権利をもった個人から構成される。〈近代家族〉が存在するアメリカにおいては、親も子どもも人格をもった個人とみなされる。しかも殺害された個人は、大人ではない子どもという弱者である。それは権利をもった主体として、大人以上につよく保護されなければならないことになる。

ニッポンでは、母親は自殺を考える場合に、自分が死んだら苦労させるばかりなので、子どもを残しておけないと考える。しかし西欧社会においては、子どもは一個の独立したべつの人格だから、自分がいなくなっても立派に生きてゆけると考える。先ほどの「一人だけ助かった」という言い方が、このことを示している。ここには、子どもも大人と同様の権利をもつ主体であるという前提がある。

「世間」には「共通の時間意識」というルールがあるために、親と子どもの関係は、たとえ何歳になっても個人と個人の関係にならずに、生涯続く。それ故、子どもを権利をもち人格をもつ個人であるとは考えない。

母子は一体であり、その意味では子どもは親の所有物となるから、極端にいえば、子どもは親が「処分可能」な対象にすぎないことになる。「残された子どもがかわいそう」という発想は、一見子どもにたいする同情のようにみえるが、じつは子どもを人格としてみていないということである。

言いかえれば、ここには個人の存在を前提とする〈近代家族〉が存在しない。先ほどの「幼い子供一人残して旅立ってしまった」や「三歳の子供一人とり残された」といういい方が、このことを示している。〈近代家族〉が脆弱なために、子どもは一個の人格ではなく、「家」と一体の親の所有物としてしかみなされないのだ。

6「人に迷惑をかけてはならない」という奇妙な言説

以上のように西欧では、母子心中で生きのこった母親は重く処罰される。子どもの「生きる権利」を奪っているからである。ニッポンではこれにたいして、裁判所の量刑はしんじられないほど圧倒的に軽い。

なぜニッポンではそうなるのか?

少し古いデータだが、中谷瑾子の『子殺し・親殺しの背景』によれば、東京地裁の一九六六年から一五年間の統計では、一歳未満の乳幼児殺しのじつに九八パーセントが三年以下の刑で、しかもそのうちの八八パーセントが執行猶予つき判決となっている。執行猶予とは、実質無罪だということであるから、きわめて軽く罰せられることがわかる。

この執行猶予がつけられるという裁判での状況は、現在でもあまり変わらないと思われる。アメリカでは第一級殺人罪で死刑または無期懲役であるから、これではあまりに差がありすぎる。
中谷は、刑が軽くなる理由をつぎのように説明する。

どの事例をとってみても、直接手を下したのは母親でも、その嬰児殺しの衝動へ駆りたてた夫や情夫や周囲の者こそ問題であり、少なくとも責任の半分はこの人達が分担すべきだと思われるのに、法律上は、直接手を下すことはなかったその人達にその責任を問うことはできません。執行猶予つきの軽い刑も、裁判官の行為者へのいたわりと、男性としての後ろめたさのような苦渋の表明として理解でき、それらは往々にして判決文中「量刑事情」のなかに汲みとることができるように思われます。

（『子殺し・親殺しの背景』）

判決の「量刑事情」では、いわゆる「情状」が語られる。そこには法的判断ではない、裁判官の心情が書かれることが多い。つまり、裁判官のホンネがあらわれる。というより、タテマエとしての社会ではなく、「世間」のホンネがあらわれる。
「世間」には、自他の区別がつかなくなる「共感過剰シンドローム」がある。その結果、「世間」は母親の心情を察し、「我が事」のように思い、母子心中にたいして同情的となる。
つまり、心中の原因を作りだしたはずの夫など、まわりの者に責任があるのに、彼らが処罰されず、追いつめられた母親だけが処罰されるのはおかしいと考える。

こうした場合、裁判所も「世間」であり、裁判官もまた「世間」の一員であるから、圧倒的に被告に同情的な「世間」の空気を無視することはできない。ニッポンでは裁判所の判決内容は、法律ではなく、往々にして「世間」の空気に左右される。母子心中の量刑がきわめて軽くなるのは、そうした理由である。

そして「世間」の心情からいって、母親に感情移入し、共感し、同情するのは、ある意味よく理解できる。私もとりあえずニッポン人なので、そうなるのはよくわかる。

しかし親子心中は、端的にいって、殺人でしかない。この国では平気でつかわれるが、「無理心中」といういい方にいたっては、明らかにおかしい。子どもなどの当事者が、自殺の意思がまったくないのに無理やり殺害されるのだから、これは故意の殺人以外の何ものでもありえない。

つまり、「心中」や「無理心中」といういい方をすることで、これが殺人でしかないという事実が隠蔽されるのだ。欧米の、心中事件の殺人と自殺というカテゴリーわけのほうが、はるかに健全であるといえる。

だから、親子心中を殺人とみなさずに、「同情」するという「世間」のあり方自体に、私は大きな違和感をもっている。ここに何か大きな「ゆがみ」があると考えなければならない。つまりきわめて不健全なのだ。その「ゆがみ」とは、先ほどからのべているように、子どもを親の所有物とみなす考え方である。
そのことを阿部恭子も、つぎのように批判している。

日本社会は、親に絶対的な権力を与えていると言っても過言ではありません。これは、子どもの権利が社会で保障されていないことの裏返しです。

「子どもを殺して私も死ぬ……」

子どもが罪を犯した親たちが、自責の念に苛まれながら、こう口にして涙する瞬間を私は何度も見てきました。我が子をこの手で殺めなければならないほど追いつめられている親の苦しみに、共に涙したこともあります。

それでも、加害者となっていく沢山の子どもたちの背景を知ったいま、「子どもを殺して」という言葉には異議を唱えます。たとえどれほど追いつめられたとしても、親に子どもを殺す権利はありません。子どもは親の所有物ではないのです。

子どもの加害行為に苦しむ親たちが、親の責任として我が子を殺害しなければという思いに駆られるのは、子どもの人生すべてを親が管理する発想が根付いているからだと思います。

（『家族という呪い』）

子どもが罪をおかすなどの不祥事をおこした場合、「子どもを殺して私も死ぬ……」となるのは、よく理解できる。「世間」は陰に陽に「一生、謝り続けろ！」とか「お前も死ね」とか「死んでお詫びすべきだ」と要求するから、加害者家族にとって自殺することは、「世間」にたいする究極の謝罪ともなる。

しかし、親に絶対的権力が与えられているという点では、いまも戦前の「家」制度があった時代とあまり変わらない。阿部のいうように、「子どもの権利」が社会で保障されていないのは、端的にいって、ニッポンでは依然として社会が存在しないからである。そこには「世間」しかなく、「世間」では権利・人権はタテマエにすぎないからだ。

たとえば、日本政府は「子どもの権利条約」を一九九四年に批准している。だが、現在でもこれが「絵に描いたモチ」にすぎないのは、「子どもの権利」完全無視の中学・高校の「ブラック校則」のことや、「人間の尊厳」なんてまるで先生のアタマにない「服装検査」のことを考えれば、すぐにわかる。

こうした全国の中学・高校の人権無視の所業に反対して、学校でデモやストライキや暴動がおきたという話は聞いたことがない。学校も「世間」の一つなので、「ブラック校則」も「服装検査」も「世間のルール」に他ならない。それ故、そこでは「法のルール」としての権利も人権も通用しないのだ。

ここでの大きな問題は、前述のように、ニッポン人は家族のなかで、「人に迷惑をかけてはならない」といわれて育ってくることである。これが欧米のように、「他人より優れたつよい個人になれ」とはけっしていわれない。

阿部もまた、「加害者家族の親たちは、必ずと言っていいほど『人に迷惑をかけてはならない』と子どもに教育してきました。学校でも家庭でも、多くの人がそのように教育されたのではないでしょうか」(『同右』)と指摘する。もちろんこれは、加害者家族にかぎらない。ほとんどのニッポン人は、そう教育されてきたはずだ。

そのため、「世間」から後ろ指をさされないために、「高度な自己規制」をおこなうようになる。それを象徴するのが、「世間体」という言葉である。ニッポン人は何か行動するときに、まず「世間体」を考える。

その結果、「世間」から排除されないために、「世間のルール」を律儀に遵守することが、もっとも大事なことであると考えるようになる。「世間を離れては生きてゆけない」と固く信じているからである。この「高度な自己規制」が、犯罪率が圧倒的に低く、自殺率が高い理由になっているのだ。

いいかえれば、「世間のルール」を遵守しない人間にたいする「世間」の同調圧力は、とてつもなくつよい。ましてや犯罪行為をおかした場合には、加害者家族も含めて「世間がゆるさない」ことになる。

この点で、私にとって衝撃的だったのは、二〇一九年六月におきた「元農水次官息子刺殺事件」である。

元官僚の父親（七十六歳）が、長期間のひきこもりと家庭内暴力が絶えなかった息子（四十四歳）を殺害した事件であるが、直前の五月におきた「川崎市登戸通り魔事件」が引き金となった点が注目された。

この事件を、週刊誌がつぎのように伝えている。

事件現場となったのは、東京都練馬区にある2階建ての一軒家。「息子を刺し殺した」と熊沢元次官が自ら110番したのは、6月1日午後3時半頃だった。犯行に使われたのは台所用の洋包丁で刃渡り15〜20センチほど。英一郎さんは胸など10カ所以上を刺されており、約1時間後に搬送先の病院で死亡が確認された。

「当日は家に隣接する小学校で運動会が行われており、〝（音が）うるせぇな。ぶっ殺してやる〟と騒ぐ英一郎さんを熊沢元次官が注意し、口論になっていた。取調べでは、先日、川崎市で小学校の児童ら20人が殺傷された事件に触れ、〝息子があの事件の容疑者のようになるのが怖かった〟〝周囲に迷惑をかけたくないと思った〟と供述している」（警視庁関係者）

（「週刊新潮」二〇一九年六月十三日号）

熊沢さんのいう「あの事件」とは、長期間ひきこもっていた男性（五十一歳）が、スクールバスを待っていた小学校の児童ら二〇人を殺傷し、現場で自殺した川崎市の事件のことである。同居していた伯父夫妻が八〇代であったため、八〇代の親がひきこもる五〇代の子どもの面倒をみる、いわゆる「八〇五〇問題」が注目された。

ニッポンでは、若年（十五〜三十九歳）五四・一万人と中高年（四十〜六十四歳）六一・三万人の、推計で約一一五万人以上のひきこもりがいるといわれる。なんとhikikomoriは英訳できないため、そのまま英語になっている。私は、ひきこもりはこの国に特有の現象であると考えている。

五月の川崎の通り魔事件が、ひきこもりの人間がおこした凶悪犯罪であったために、あたかもそれが犯罪の原因であるかのように語られた。しかし、いうまでもないが、ひきこもりと犯罪とは、なんら因果的に直結する事柄ではない。

問題は、熊沢さんが、ひきこもっている息子が「あの事件の容疑者のようになるのが怖かった」と考えたことである。そう考えたのは、息子の家庭内暴力ですでにかなり追いつめられており、このとき家の隣の小学校での運動会にたいして、「うるせぇな。ぶっ殺してやる」と騒いで、トラブルをおこしそうになっていたからである。

ここできわめて重要なのは、「周囲に迷惑をかけたくないと思った」という、熊沢さんが息子の殺害にいたる動機である。おそらく、彼も家族のなかで「人に迷惑をかけてはならない」といわれて育ってきたはずである。さらにいえば、自分の息子にもそういって教育したはずである。

くり返すが、これは何も特別なことではない。この国ではごくふつうの家庭で、いつも日常の生活のなかでいわれていることである。それは「世間」の同調圧力がつよく、家族はつねに「世間」から後ろ指をさされないように、「世間体」を考えていなければならないからである。つまりここには、「高度な自己規制」が作動している。

この事件で私がかなり驚いたのは、近所の住民たちの話として「息子さんがいるなんて知らなかった」という報道があったことである。おそらく彼は、ひきこもりの息子がいることを「恥」と感じ「世間体」を考えて、周囲には隠していたのではないかと思う。

これを知られた場合の「世間」からの特別視や、それにたいする「肩身の狭さ」を考えれば、おそらく隠しておくしかなかったのだろう。ニッポンのひきこもりが長期化・固定化するのは、家族がひきこもりを「恥」と感じ「世間体」を考えて、なかなか外部に相談できないからだ。つまり、この国の深刻なひきこもりの大きな要因は「世間」にある。

熊沢さんは結果的に生きのこったが、彼の心情からいって、これも一種の「無理心中」といっていいのかもしれない。だから、裁判になって殺人罪で裁かれるとしても、他の親子心中事件と同様に、量刑が軽くなる可能性がある。「世間」からの同情が集まる可能性が高いからだ。

阿部は、「本来、生きるということは、少なからず人に迷惑をかけること」だという（『家族という呪い』）。当たり前のことだが、身障者などハンディキャップがある場合もそうだし、それにかぎらず人は、歳をとったら大なり小なりだれかの世話になり、人に迷惑をかける。

さらに阿部は、「他人に迷惑をかけてはならないことをつきつめると、迷惑ばかりかけている人は生きていてはならないという思想にもつながってゆきます」（同右）という。私は、とくに「世間」が復活・強化された九八年以降、まさにこの「迷惑ばかりかけている人は生きていてはならない」という「世間」の同調圧力が、ひどくつよまっていると感じる。

「世間」は、「人に迷惑をかけてはならない」とか「迷惑ばかりかけている人は生きていてはならない」などと、「高度な自己規制」を家族にもとめる。だから、熊沢さんによる息子の殺害は、この「高度な自己規制」そのものによって惹起されたとしかいいようがないのだ。

これまでのべてきたように、たしかにニッポンの「世間」の存在は、犯罪の抑止要因となっているが、同時に、この種の犯罪を誘発する要因ともなっていることを忘れてはならない。

さて、この本の「はじめに」で引用した『手紙』の一節を思いだしてほしい。この小説でのべられているように、たしかに加害者家族の多くは、加害者家族への差別や排除などのバッシングが、「犯した罪に対する刑の一部」だと思っているかもしれない。

だが、それはホントに正しいのか？

そう考えることを強いられるのは、そもそも「世間」に「人に迷惑をかけてはならない」という「世間のルール」があり、それによって私たちが「高度な自己規制」をもとめられるからである。この息苦しさは独特のものであり、それは加害者家族も例外ではない。

加害者家族も日常的に、「高度な自己規制」を強いられており、「人に迷惑をかけてはならない」と考えることを「世間」から強いられ続けている。バッシングを「犯した罪に対する刑の一部」と思わされているのは、この「世間」からの同調圧力がきわめて巨大だからだ。その結果が、「人に迷惑をかけた」という理由による、親子心中や自殺である。

バッシングする「世間」にしてみれば、犯罪がおきることは、「世間」という共同体の共同感情が害されるわけで、自分になんの関係がなくとも、それだけで「多大の迷惑をかけられた」と思いこむ。しかしこれは、「人に迷惑をかけてはならない」と家族のなかで教育されてきたことの裏返しにすぎない。

害された共同感情を元に戻すために、加害者家族の「世間」への謝罪が必須となる。これが、「一生、謝り続けろ！」とか「お前も死ね」といった、加害者家族にたいする非難となってあらわれるのだ。加害者家族へのバッシングの根底にあるのは、こうしたニッポンの「世間」のあり方そのものである。

いま考えなければならないのは、私たちがこのニッポンの「世間」からつねに要求されている、この「高度な自己規制」から自由になる必要があるということである。そうしなければ、「世間」はいつまでも変わらないし、加害者家族にたいするバッシングも永遠になくならないと思うのだ。

〔引用・参考文献〕

はじめに

東野圭吾『手紙』文春文庫、二〇一八年
鈴木伸元『加害者家族』幻冬舎新書、二〇一〇年

第一章

阿部謹也『「世間」論序説―西洋中世の愛と人格―』朝日選書、一九九九年
柳父章『翻訳語成立事情』岩波新書、一九八二年
佐藤直樹『犯罪の世間学―なぜ日本では略奪も暴動もおきないのか―』青弓社、二〇一五年
『聖書』聖書協会共同訳、日本聖書協会、二〇一八
C・モリス『個人の発見―一〇五〇―一二〇〇年―』古田暁訳、日本基督教団出版局、一九八三年
中根千枝『タテ社会の人間関係―単一社会の理論―』講談社現代新書、一九六七年
鴻上尚史『「空気」と「世間」』講談社現代新書、二〇〇九年
阿部謹也『近代化と世間―私が見たヨーロッパと日本―』朝日新書、二〇〇六年
鴻上尚史『「空気」を読んでも従わない―生き苦しさからラクになる―』岩波ジュニア新書、二〇一九年
宇佐美まゆみ編著『言葉は社会を変えられる―二一世紀の他文化共生社会に向けて―』明石書店、一九九七年

第二章

G・ヘーゲル『法の哲学』藤野渉ほか訳、中央公論社、一九六七年
吉本隆明『改訂新版　共同幻想論』角川ソフィア文庫、一九八二年
P・アリエス『〈子供〉の誕生―アンシャン・レジーム期の子供と家族生活―』杉山光信ほか訳、みすず書房、一九八〇年

有地亨『家族は変わったか』有斐閣選書、一九九三年
有地亨『日本の親子二百年』新潮選書、一九八六年
本田和子『子どもが忌避される時代―なぜ子どもは生まれにくくなったのか―』新曜社、二〇〇七年
佐藤直樹『目くじら社会の人間関係』講談社＋α新書、二〇一七年
落合恵美子『近代家族の曲がり角』角川書店、二〇〇〇年
阿部謹也編著『世間学への招待』青弓社、二〇〇二年
望月嵩「犯罪・非行と家族の紐帯」「犯罪社会学研究」第一〇号、一九八五年
桜井陽子／桜井厚『幻想する家族』弘文堂、一九八七年
佐藤直樹『増補版　大人の〈責任〉、子どもの〈責任〉―刑事責任の現象学―』青弓社、一九九八年
佐藤直樹『なぜ日本人は世間と寝たがるのか―空気を読む家族―』春秋社、二〇一三年
望月嵩「犯罪者とその家族へのアプローチ」「犯罪社会学研究」第一四号、一九八九年
深谷裕「日本における犯罪加害者家族支援の必要性と可能性―オーストラリアにおける加害者家族支援を手掛かりに―」「北九州市立大学基盤教育センター紀要」第一五号、二〇一三年
阿部恭子『息子が人を殺しました―加害者家族の真実―』幻冬舎新書、二〇一七年

第三章

Nobuo Komiya, A Cultural Study of the Low Crime Rate in Japan, British Journal of Criminology 39 (3), 1999
河合幹雄『終身刑の死角』洋泉社新書y、二〇〇九年
デイビッド・T・ジョンソン『アメリカ人のみた日本の検察制度―日米の比較考察―』大久保光也訳、シュプリンガー・フェアラーク東京、二〇〇四年
高橋聡美「犯罪加害者家族のサポート～加害者家族の抱える問題とアプローチ～」「刑政」一二一巻一一号、二〇一〇年
和歌山カレー事件林眞須美死刑囚長男『もう逃げない。―いままで黙っていた「家族」のこと―』ビジネス社、

二〇一九年
K・B・レーダー『図説・死刑物語―起源と歴史と犠牲者―』西村克彦ほか訳、原書房、一九八九年
阿部謹也『「世間」とは何か』講談社現代新書、一九九五年
辺見庸『愛と痛み―死刑をめぐって―』毎日新聞社、二〇〇八年

第四章

阿部恭子編著／草場裕之監修『加害者家族支援の理論と実践―家族の回復と加害者の更生に向けて―』現代人文社、二〇一五年
榎本博明『「すみません」の国』日経プレミアシリーズ、二〇一二年
佐藤直樹『なぜ日本人はとりあえず謝るのか―「ゆるし」と「はずし」の世間論―』PHP新書、二〇一一年
パオロ・マッツァリーノ『パオロ・マッツァリーノの日本史漫談』二見書房、二〇一一年
板垣恵介／RIN『どげせん（一〜三巻）』日本文芸社、二〇一一年
森巣博『日本を滅ぼす〈世間の良識〉』講談社現代新書、二〇一一年
山田昌弘『希望格差社会―「負け組」の絶望感が日本を引き裂く―』筑摩書房、二〇〇四年
NHK放送文化研究所編『現代日本人の意識構造〔第八版〕』NHKブックス、二〇一五年
A・ギデンズ『近代とはいかなる時代か？―モダニティの帰結―』松尾精文ほか訳、而立書房、一九九三年
香山リカ『ニッポン 母の肖像』NHK知る楽テキスト、二〇〇九年
阿部謹也「逆光のなかの中世」『阿部謹也著作集 4』筑摩書房、二〇〇〇年
稲村博『自殺学―その治療と予防のために―』東京大学出版会、一九七七年
中谷瑾子編『子殺し・親殺しの背景』有斐閣新書、一九八二年
阿部恭子『家族という呪い―加害者と暮らし続けるということ―』幻冬舎新書、二〇一九年
畑仲哲雄『ジャーナリズムの道徳的ジレンマ』勁草書房、二〇一八年

おわりに――「自分は自分。他人は他人」と考える

最後に、いま加害者家族問題を語り、加害者家族を支援することの意味を、ごく簡単にまとめておきたい。

第一に、加害者家族バッシングの中心にある「加害者家族には人権はない」という、この国の「当たり前」を変えてゆく意味がある。「世間」が支配するニッポンで、バッシングをなくすことは容易なことではないが、加害者家族支援をつうじて、多少なりとも「世間」の風通しをよくすることができると思う。

第二に、加害者家族支援は、加害者の更生の受け皿としての家族を確保することで、加害者の再犯防止につながるという意味がある。ここで一番大事なポイントは、「世間」の「空気読め」という圧倒的な同調圧力に抗して、「自分は自分。他人は他人」と考えることである。そうすれば、家族のなかでもお互い個人として認め合うことができるようになり、ニッポンの家族を〈近代家族〉として再構築する一歩になると思う。

第三に、加害者家族支援をつうじて、自殺大国であるこの国において、加害者家族の自殺を防止するという役割も果たせると考えている。それは、大きくいえば、「人に迷惑をかけ

てはならない」という、この国にまん延する「高度な自己規制」の自覚と解体という課題にもつながると思う。

本書ができるまでに、現代書館の菊地泰博さんに再びお世話になった。菊地さんとタッグを組むのは、『刑法総論』を書いて以来だから、じつに二八年ぶりである。なんと四半世紀をこえている。お互い平行移動してけっこう歳をとったわけだが、その間のタイムラグを、ほとんど感じることがなかったのは不思議だった。菊地泰博さんに感謝したい。

佐藤直樹

二〇二〇年三月

佐藤直樹（さとう・なおき）

一九五一年仙台市生まれ。現代評論家。専門は世間学、現代評論、刑事法学。九州大学大学院博士後期課程単位取得退学。英国エジンバラ大学客員研究員、福岡県立大学助教授、九州工業大学教授などをへて、九州工業大学名誉教授。

著書に、『「世間」の現象学』（青弓社）『世間の目』（光文社）『刑法三九条はもういらない』（青弓社）『暴走する「世間」』（バジリコ）『暴走する「世間」で生きのびるためのお作法』（講談社＋α新書）『なぜ日本人はとりあえず謝るのか』（PHP新書）『なぜ日本人は世間と寝たがるのか』（春秋社）『犯罪の世間学』（青弓社）『目くじら社会の人間関係』（講談社＋α新書）などがある。

現在は、日本世間学会幹事、日本文藝家協会会員。テレビ・ラジオ・新聞・雑誌などで、ニッポンの「世間」についての発言を続けている。

ウェブサイト　http://www.satonaoki.com

加害者家族《かがいしゃかぞく》バッシング
—世間学《せけんがく》から考《かんが》える—

二〇二〇年四月二十日　第一版第一刷発行

著　者　佐藤直樹
発行者　菊地泰博
発行所　株式会社現代書館
東京都千代田区飯田橋三—二—五
郵便番号　102-0072
電　話　03（3221）1321
ＦＡＸ　03（3262）5906
振　替　00120-3-83725
組　版　デザイン・編集室エディット
印刷所　平河工業社（本文）
東光印刷所（カバー）
製本所　鶴亀製本
装　幀　大森裕二

 ISBN978-4-7684-5875-4
定価はカバーに表示してあります。乱丁・落丁本はおとりかえいたします。
http://www.gendaishokan.co.jp/

活字で利用できない方のための
テキストデータ請求券
『加害者家族
バッシング』